나의 첫 문법 파트너

초등영문법 777 ④

UNIT 01	① 회화에 잘 쓰이는 조동사 Can / Could	02
UNIT 02	② 회화에 잘 쓰이는 조동사 Will / Would	06
UNIT 03	③ 회화에 잘 쓰이는 조동사 Shall	10
UNIT 04	④ 회화에 잘 쓰이는 조동사 May	14
UNIT 05	⑤ 회화에 잘 쓰이는 조동사 Must / Have to	18
진단평가 및 교내평가 대비 실전테스트 UNIT 01~05		22
UNIT 06	many, much, a lot of	26
UNIT 07	(a) few, (a) little	30
UNIT 08	some, any	34
UNIT 09	숫자 묻고 답하기	38
UNIT 10	가격과 양, 거리 묻고 답하기	42
진단평가 및 교내평가 대비 실전테스트 UNIT 06~10		46
UNIT 11	접착제 역할을 하는 접속사	50
UNIT 12	시간의 전치사	54
UNIT 13	장소의 전치사	58
UNIT 14	방향의 전치사	62
UNIT 15	There is ... / There are ...	66
진단평가 및 교내평가 대비 실전테스트 UNIT 11~15		70
UNIT 01~15 총괄평가 1회		74
UNIT 01~15 총괄평가 2회		80
단어 듣고 따라 쓰기 연습		86
정답 및 해석		101

UNIT 01
① 회화에 잘 쓰이는 조동사 Can / Could

공부한 날 :   복습한 날 :   부모님 확인 :

조동사 can은 '~할 수 있다'라는 뜻을 갖습니다.
의문문인 'Can you ~?'는 '~할 수 있니?'의 뜻도 되지만, 회화에서는 무언가를 부탁할 때 '~해 줄래?'라는 뜻으로 자주 쓰이기도 해요.

좀 더 정중하게 부탁하고 싶을 때는 can 대신에 could를 써 줘요.
'Could you ~?'는 특히 처음 만난 사람이나 윗사람과의 대화에서 자주 쓰입니다.

부탁할 때 쓰는 'Can/Could you ~?'에 대한 긍정적 대답은 아래와 같습니다.

Sure. 물론이지.   **All right.** 알았어.   **Okay[OK].** 알았어.
No problem. 문제없어.   **Of course.** 물론이지.

그럼, 부탁을 들어줄 수 없는 상황이라면 어떻게 하냐고요?
그럴 땐, '미안하지만,'이란 뜻의 'I'm sorry,'를 먼저 말한 뒤 이유를 설명하면 된답니다.

Can you have a cup of coffee? 커피 한 잔 할래?
I'm sorry, but I don't have time. 미안하지만 시간이 없어.

연습문제

초777_4_p1

Step 1   단어들을 순서에 맞게 배열하여 문장을 완성하세요.

01   (turn off, the TV, Can, you)?   ⇨ Can you turn off the TV?

02   (you, Can, me, drive, to school)?   ⇨ _____

03   (your room, Can, clean, you)?   ⇨ _____

04   (open, Can, the window, you)?   ⇨ _____

05   (show, you, the pictures, me, Can)?   ⇨ _____

06   (at 8, wake up, you, Could)?   ⇨ _____

07   (some water, bring, you, me, Could)?   ⇨ _____
              가지고 오다

08   (you, the bank, Could, stop by)?   ⇨ _____
                              ~에 들르다

09   (move, you, Could, your car)?   ⇨ _____

10   (Could, for a minute, you, come here)?   ⇨ _____
                         잠시 동안

Step 2   질문에 대한 대답으로 적절한 것을 고르세요.

01   **Can you help me with my homework?**

   A. Yes, you can.   B. Okay.   C. That's great.

02   **Could you wait for a minute?**
                           기다리다
   A. No problem.   B. No, I didn't.   C. Yes, I do.

03   **Can you give me your phone number?**
                                전화번호
   A. No, you can't.   B. I see.   C. Sure.

04 **Could you watch my bag?**
지켜보다

    A. Thanks.   B. All right.   C. No, you don't.

05 **Can you take a picture of us?**

    A. Of course.   B. No, thank you.   C. Yes, you will.

Step 3 다음 문장을 괄호 안에 Can이 있으면 'Can you ~?', Could가 있으면 'Could you ~?' 의문문으로 바꿔 쓰세요.

01 Open the door. (Can)   ⇨ _Can you open the door?_

02 Pass me the ball. (Can)   ⇨ _____
    건네주다   공

03 Wait for a minute. (Can)   ⇨ _____

04 Give me the salt. (Can)   ⇨ _____

05 Turn on the lights. (Could)   ⇨ _____

06 Help me. (Can)   ⇨ _____

07 Buy me some apples. (Could)   ⇨ _____

08 Send a message to me. (Can)   ⇨ _____

09 Lend a book to me. (Can)   ⇨ _____
    빌려주다

10 Make some cookies for me. (Can)   ⇨ _____

Step 4 질문에 대한 대답으로 알맞은 것을 고르세요.

01 Can you turn on the computer?

    A. No problem.   B. I didn't turn on the computer.

02 Can you drive me to the mall?
상가, 상점

A. I'm sorry, but I can't.   B. No, I didn't.

03 Can you close the window?

A. I'm sorry. I'll open it.   B. Of course.

04 Could you fix this chair for me?
고치다

A. All right.   B. Sorry, but I'm fine.

05 Can you give me the key?

A. Yes, please.   B. I'm sorry, but I don't have the key.

06 Could you make me some cookies?

A. Sure.   B. Sorry, but I ate all the cookies.

07 Can you have lunch with me?

A. I'm sorry, but I don't have time.   B. Yes, you can.

08 Can you help us?

A. Okay.   B. Thank you.

중학교 내신 시험에 꼭 나오는 문법 요점 정리 | Can / Could

Can you ~?는 회화에서 (①   )?라는 의미로 쓰인다.
좀 더 정중하게 말할 때는 can 대신 (②   )를 쓴다.
Can/Could you ~?의 대답

대답	의미
I'm sorry, ~	미안하지만, ~
Sure.	물론이지.
Okay[OK].	알았어.
Of (③).	물론이지.
No (④).	문제없어.
All (⑤).	알았어.

① ~해 줄래 ② could ③ course ④ problem ⑤ right

UNIT 02
② 회화에 잘 쓰이는 조동사 Will / Would

공부한 날 :   복습한 날 :   부모님 확인 :

'~할 것이다'라는 뜻의 조동사 will/would 역시 Will you ~?/ Would you ~?의 형태가 되면 앞서 배운 can/could와 마찬가지로 '~해 줄래?/~해 주시겠어요?'라는 뜻으로 부탁할 때 쓰여요.

will은 격식을 차리지 않는 절친한 사이에서 주로 쓰고, would는 could처럼 좀 더 공손한 표현을 나타낼 때 씁니다. 이보다 더 공손해지고 싶다면 please를 붙여주면 돼요.

대답은 부탁을 들어줄 수 있을 땐, Sure.나 Okay. 등으로 하고, 들어줄 수 없을 땐 'I'm sorry,'로 미안함을 표현한 다음 뒤에 이유를 덧붙여 대답해 주세요.

연습문제
문제를 풀고 녹음 파일을 따라 읽고 연습하세요. 🎧 MP3 4권 본문 UNIT 02
정답 및 해석 p. 101

초777_4_p2

Step 1 빈칸에 Will you와 괄호 안의 말을 이용하여 문장을 완성하세요.

01 _____Will you help_____ me with my homework? (help)

02 _____ me back? (call)

03 _____ my bag? (carry)

04 _____ the guitar? (play)

05 _____ the movie club with me? (join)

06 _____ singing loud? (stop)
크게

Step 2 괄호 안의 단어를 알맞게 배열하여 문장을 만드세요.

01 (turn on, the TV, Will, you)? ⇨ _Will you turn on the TV?_

02 (you, Will, me, drive, home)? ⇨ _____

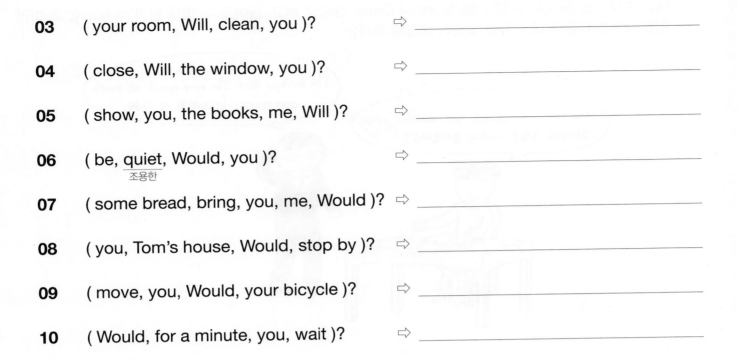

03 (your room, Will, clean, you)? ⇨ _____

04 (close, Will, the window, you)? ⇨ _____

05 (show, you, the books, me, Will)? ⇨ _____

06 (be, quiet, Would, you)? ⇨ _____
　　　　　　조용한

07 (some bread, bring, you, me, Would)? ⇨ _____

08 (you, Tom's house, Would, stop by)? ⇨ _____

09 (move, you, Would, your bicycle)? ⇨ _____

10 (Would, for a minute, you, wait)? ⇨ _____

Step 3 다음 질문에 대한 가장 적절한 답변을 연결해 보세요.

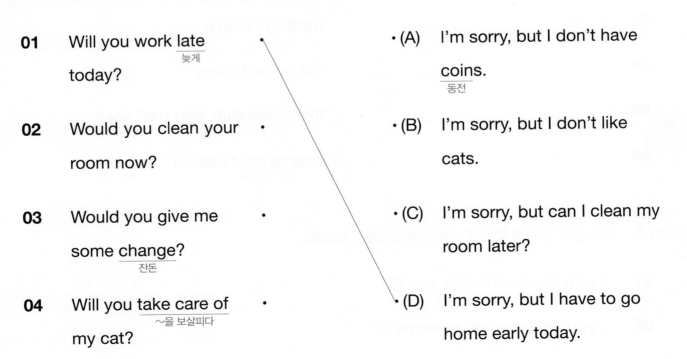

01 Will you work late 늦게 today? •

02 Would you clean your room now? •

03 Would you give me some change? 잔돈 •

04 Will you take care of ～을 보살피다 my cat? •

• **(A)** I'm sorry, but I don't have coins. 동전

• **(B)** I'm sorry, but I don't like cats.

• **(C)** I'm sorry, but can I clean my room later?

• **(D)** I'm sorry, but I have to go home early today.

Step 4 다음 문장을 부탁의 'Will you ~?' 의문문으로 바꿔 쓰세요. (단, 괄호 안에 '공손한 표현'이라고 표시된 문제는 'Would you ~?'의문문으로 바꿔 쓰세요.)

01 Close the door. ⇨ Will you close the door?

02 Throw me the ball. ⇨ _____
던지다

03 Come here for a minute. ⇨ _____

04 Pass me the salt. ⇨ _____

05 Turn off the light. (공손한 표현) ⇨ _____
끄다

06 Help me. ⇨ _____

07 Buy me some apples. (공손한 표현) ⇨ _____

08 Finish your dinner first. ⇨ _____
우선

09 Write a book for me. ⇨ _____

10 Make cookies for me. (공손한 표현) ⇨ _____

11 Take care of my sister. (공손한 표현) ⇨ _____

12 Sing a song for me. (공손한 표현) ⇨ _____

13 Wake up now. ⇨ _____

14 Go to the park with me. ⇨ _____

중학교 내신 시험에 꼭 나오는 문법 요점 정리 | Will / Would

• '~해 줄래?': Can you ~? 대신 (① _____) you ~?
• 좀 더 공손한 표현: Would/Could you ~?
• 이보다 더 공손한 표현: Will/Would you ~, (② _____)?

① Will ② please

③ 회화에 잘 쓰이는 조동사 Shall

공부한 날 :   복습한 날 :   부모님 확인 :

☆ 'Shall I/we ~?'는 '내가/우리 ~할까요?'의 뜻으로 제안과 동시에 상대방의 의사를 물어보는 표현이에요.

긍정의 대답은 Yes, please. 부정의 대답은 No, thank you.라고 하면 돼요.

Shall we ~?에 대한 긍정의 대답은 위의 그림처럼 Sounds good.(좋아.) 또는 Yes, let's.로 하고 부정의 대답은 No, let's not.으로 해요.

Shall I/we 앞에 의문사를 붙여서 다음과 같이 좀 더 다양한 제안을 할 수도 있어요.

What shall I wear? 나 뭐 입을까요?

When shall we meet? 우리 언제 만날까요?

What shall we do tomorrow? 우리 내일 뭐 할까요?

How shall I cook the eggs? 계란을 어떻게 요리할까요?

Where shall we have the meeting? 우리 회의를 어디에서 할까요?

Step 1 우리말 해석과 일치하도록 [보기]에서 알맞은 말을 골라 문장을 완성하세요.

> [보기] **call go swim listen close watch meet ~~open~~**

01 Shall _____I open_____ the window? (제가 창문을 열까요?)

02 Shall _____ you tomorrow? (제가 내일 전화 할까요?)

03 Shall _____ to music? (우리 음악 들을까요?)

04 Shall _____ home now? (우리 지금 집에 갈까요?)

05 Shall _____ the movie? (우리 그 영화 볼까요?)

06 Shall _____ after dinner? (우리 저녁 식사 후에 만날까요?)

07 Shall _____ in the pool? (우리 수영장에서 수영할까요?)
수영장

08 Shall _____ the door? (제가 문을 닫을까요?)

Step 2 괄호 안의 단어를 배열하여 문장을 완성하세요.

01 (for, we, a walk, Shall, go)? ⇨ Shall we go for a walk?

02 (we, start, Shall, the meeting)? ⇨ _____
회의

03 (pick you up, Shall, I)? ⇨ _____
pick up ~을 태우러 가다

04 (I, hands, wash, my, Shall)? ⇨ _____

05 (have, we, Shall, dinner)? ⇨ _____

06 (we, go, Shall, swimming)? ⇨ _____

07 (shall, What time, leave, we)? ⇨ _____

08 (shall, the steak, How, cook, I)? ⇨ _____
스테이크

09 (I, shall, What time, wake up)? ⇨ _____

10 (we, shall, park, Where)? ⇨ _____
주차하다

11 (When, do, we, the laundry, shall)? ⇨ _____
빨래

12 (shall, What, Mike, buy, for, we)? ⇨ _____

Step 3 질문의 답을 보고 빈칸에 들어갈 의문사를 [보기]에서 골라 넣으세요.

> [보기] **what**　　**when**　　**how**　　**where**

01 A: _____When_____ shall we see them?　　B: At 8 o'clock.

02 A: _____ shall we do next week?　　B: Let's go shopping.

03 A: _____ shall we go there?　　B: By train.

04 A: _____ shall I order?　　B: Orange juice.
주문하다

05 A: _____ shall I make this cake?　　B: This evening.

06 A: _____ shall I buy?　　B: The red bag.

07 A: _____ shall we eat lunch?　　B: In the Joe's Kitchen.

08 A: _____ time shall we leave?　　B: At 9:30.

09 A: _____ shall I cook this meat?　　B: Fry for two minutes.
고기　　튀기다

10 A: _____ shall I wear?　　B: The yellow dress.

11 A: _____ shall we visit them?　　B: Tomorrow.

12 A: _____ shall we ask him?　　B: The math problem.

Step 4   우리말 해석과 같도록 shall과 괄호 안의 말을 이용하여 제안하는 문장을 완성하세요.

01   제가 라디오를 켤까요? (I, turn on the radio)

⇨ <u>Shall I turn on the radio?</u>

02   우리 몇 시에 점심 먹을까요? (What time, we have lunch)

⇨ _____

03   제가 언제 당신 사무실로 갈까요? (When, I go to your office)
사무실

⇨ _____

04   우리 공원에 갈까요? (we, go to the park)

⇨ _____

05   우리 이 소파를 어디에 둘까요? (Where, we, put this sofa)

⇨ _____

06   우리 잠깐 쉴까요? (we, take a short break)
휴식

⇨ _____

07   우리 이번 토요일에 캠핑 갈까요? (we, go camping this Saturday)

⇨ _____

08   우리 학교에 어떻게 갈까요? (How, we, go to school)

⇨ _____

중학교 내신 시험에 꼭 나오는 문법 요점 정리 | Shall

· (①   ) I / we ~?: 제안과 동시에 상대방의 의사를 물어보는 표현
· Shall I / we ~?의 대답

	긍정	부정
Shall I ~?	Yes, (②).	No, (③) you.
Shall we ~?	Yes, let's.	No, (④) not.

· Shall I / we ~? 앞에 what, when, how, where의 의문사를 이용하여 좀 더 다양한 제안 가능
예) (⑤   ) shall we go tomorrow? 우리 내일 어디 갈까요?

① Shall ② please ③ thank ④ let's ⑤ Where

UNIT 04
④ 회화에 잘 쓰이는 조동사 May

공부한 날 :   복습한 날 :   부모님 확인 :

외국 상점에 가면 점원이 하는 말이 바로 May I help you?(도와 드릴까요?)입니다.
May I ~?는 '~해도 될까요?'라고 허락을 구할 때 써요. 허락을 구하는 또 다른 표현인 Can I ~? 보다
좀 더 정중한 표현이에요. 친한 사이일 때는 보통 Can I ~?를 쓰지만 격식을 차려야 하거나 윗사람에게
말할 때는 May I ~?를 쓰는 게 좋아요.

May I ~?에 대한 대답으로 허락할 때는
Yes, you may. / Sure. / Go ahead.
등이 올 수 있어요.
허락하지 않을 때는 No, you may not.
이라고 말하면 돼요.

이 밖에도 허락을 구할 때 쓰는 표현에 Is it okay to ~?가 있는데, to 뒤에 동사원형을 써 주세요.

Is it okay to watch TV? TV 봐도 괜찮아요?

Is it okay to open the window? 창문 열어도 괜찮아요?

Is it okay to leave now? 지금 떠나도 괜찮아요?

Step 1   그림을 보고 [보기]에서 알맞은 말을 골라 말풍선에 들어갈 May I ~? 의문문을 완성하세요.

[보기]   see   ask   ~~sit~~   eat

01

May ___I___ ___sit___ here?

02

입국심사 | IMMIGRATION

_____ _____ your passport?
여권

03

_____ _____ _____ this cake?

04

May I~

_____ _____ you a question?

Step 2   질문에 대한 대답으로 알맞은 것을 고르세요.

01   May I leave now?

A. No, you don't.   Ⓑ Yes, you may.

02   May I borrow your pen?

A. Of course.   B. Yes, you do.

03   May I read your comic book?

A. Sure.   B. Yes, you will.

04 **May I have your business card?**
　　　　　　　　　　　　　_명함_

　　　A. No, I won't.　　　　B. Yes, here you go.

05 **May I use your laptop?**
　　　　　　　　　　노트북 컴퓨터

　　　A. Go ahead.　　　　B. No, I don't.

Step 3　괄호 안의 단어들을 배열하여 문장을 완성하세요.

01　(I / to / May / go / the restroom)?

　　⇨　May I go to the restroom?

02　(Is it okay / the light / turn on / to)?

　　⇨　_____

03　(you / may / Yes / ,).

　　⇨　_____

04　(I / open / the window / May)?

　　⇨　_____

05　(check / May / your / I / homework)?
　　　　검사하다, 체크하다

　　⇨　_____

06　(use / I / pencil / May / your)?

　　⇨　_____

07　(buy / coffee / some / to / Is it okay)?

　　⇨　_____

08　(you / not / No / , / may).

　　⇨　_____

09　(something / I / May / you / ask)?
　　　　_어떤 것, 무엇_

　　⇨　_____

10   (borrow / May / I / book / this)?

⇨ _____

11   (May / I / you / at night / call)?

⇨ _____

Step 4   우리말 해석과 같도록 May I ~?와 괄호 안의 말을 이용하여 문장을 완성하세요.

01   밖에서 놀아도 될까요? (play outside)

⇨ <u>May I play outside?</u>
                        밖에서

02   자러 가도 될까요? (go to bed)

⇨ _____

03   이 컴퓨터를 사도 될까요? (buy this computer)

⇨ _____

04   피아노를 쳐도 될까요? (play the piano)

⇨ _____

05   이 사과를 먹어도 될까요? (eat this apple)

⇨ _____

06   축구를 해도 될까요? (play soccer)

⇨ _____

중학교 내신 시험에 꼭 나오는 문법 요점 정리 | May

· (①　　　　　　　) I ~?: '~해도 될까요?'의 뜻으로 Can I ~?보다 좀 더 정중한 표현
· 비슷한 표현: Is it (②　　　　　　) to + 동사원형 ~?
· May I ~?의 대답

| 긍정 | Yes, (③　　　　　) may. / Sure. / Go (④　　　　　). |
| 부정 | No, you may (⑤　　　　). |

⑤ 회화에 잘 쓰이는 조동사 Must / Have to

공부한 날 :   복습한 날 :   부모님 확인 :

You must ~와 You have to ~는
둘 다 우리말로 '넌 ~해야 해'라는 뜻이지만
must는 차를 탈 때 안전벨트를 매는 것과 같이
꼭 지켜야 할 규칙과 반드시 해야 할 일에 쓰이고,
have to는 주로 본인이 알아서 지켜야
할 일을 말할 때 씁니다. must와 have to
다음에는 반드시 '동사원형'이 옵니다.

must 자체로는 과거나 미래시제를 나타낼 수가 없으므로 과거의 일을 말할 땐 have to의 과거형 had to를, 미래의 일을 말할 땐 will have to를 써요.

have to가 주어가 3인칭 단수일 때는
has to로 바뀐다는 사실, 꼭 기억하세요.

그렇다면 You must와 You have to의 부정문은 어떻게 만들까요?
must는 뒤에 not을 붙이면 되고요, have to는 앞에 don't[doesn't]를 붙이면 됩니다.
즉, You must not, You don't have to가 되지요.
그런데 긍정문일 때는 의미가 비슷했던 이 둘이 부정문일 때는 뜻이 완전히 달라집니다.

You must not use your cell phone here. 너는 여기서 휴대전화를 사용하면 안 돼.
You don't have to use your cell phone here. 너는 여기서 휴대전화를 사용하지 않아도 돼.

☆부정문일 때의 의미 차이를 꼭 알아두세요! 시험에 잘 나와요.

초777_4_p5

Step 1 괄호 안의 단어 중 맞는 것에 ○표 하세요.

01 You (must, have, has) go to see a doctor.
<u>진찰을 받다</u>

02 You (has, must, have) to wash your hands.

03 You (are, must, have) not skip the class.
<u>빠지다</u>

04 You must not (swim, swims, swimming) here.

05 You (have, has, must) wear your seat belt.

06 You (have, has, must) to be kind.

07 You (have, has, must) respect your parents.
<u>존경하다</u>

08 You have to (do, doing, did) it by yourself.
<u>너 혼자서</u>

Step 2 주어진 문장을 긍정문은 부정문으로, 부정문은 긍정문으로 바꿔 쓰세요.

01 You have to go there. ⇨ _You don't[do not] have to go there._

02 She has to read the book. ⇨ _____

03 He must not leave now. ⇨ _____

04 He doesn't have to wake up early. ⇨ _____

05 You must finish it by tomorrow. ⇨ _____
<u>~까지</u>

06 You have to be kind to them. ⇨ _____

07 You must not keep the rule. ⇨ _____
<u>지키다, 준수하다</u> <u>규칙, 규정</u>

08 You don't have to eat this meat. ⇨ _____

Step 3　주어진 단어를 바르게 배열하여 문장을 완성하세요.

01　(You / go / sleep / must / to).

⇨ You must go to sleep.

02　(He / to / run / has).

⇨ _____

03　(don't / visit / there / have to / You).

⇨ _____

04　(make / not / a / must / You / noise).

⇨ _____

05　(your / have / will / You / do / homework / to).

⇨ _____

06　(had to / I / go / shopping / last week).

⇨ _____

07　(You / not / your / brother / must / hate).
　　　　　　　　　　　　　　　　　　　미워하다

⇨ _____

08　(He / back / has to / come).

⇨ _____

09　(You / have to / rest / a / take).

⇨ _____

10　(must / light / You / turn off / the).

⇨ _____

11　(to / You / baby / take care of / have / this).

⇨ _____

12　(not / cross / must / street / the / You).
　　　　　　건너다

⇨ _____

Step 4   괄호 안의 말과 [보기]의 말을 이용하여 우리말 해석과 같도록 영작하세요.

[보기]   **must   have to   had to**
don't have to   has to   will have to

01   너는 이 책을 읽어야 한다. (read this book)

⇨   You have to[must] read this book.

02   그는 손을 씻어야 한다. (wash his hands)

⇨ _____

03   너는 샤워를 할 필요가 없다. (take a shower)
샤워하다

⇨ _____

04   너는 학교에 가야 한다. (go to school)

⇨ _____

05   나는 내 방을 청소해야 했다. (clean my room)

⇨ _____

06   그녀는 내일 일찍 떠나야 할 것이다. (leave early tomorrow)

⇨ _____

중학교 내신 시험에 꼭 나오는 문법 요점 정리 | Must / Have to

· You must/have to ~의 의미: '넌 ~해야 해'
· 의무감의 강조 정도: must가 have to보다 크다.

긍정	must		have to	
부정	must (①) (~해서는 안 된다)		(②)[doesn't/does not] have to (~하지 않아도 된다)	
3인칭 단수 변화	must		(③) to	
과거	(④) to			
미래	(⑤) have to			

① not ② don't[do not] ③ has ④ had ⑤ will

UNIT 01~05

진단평가 및 교내평가 대비 실전테스트

공부한 날 :   복습한 날 :   부모님 확인 :

UNIT 01 Can / Could   UNIT 02 Will / Would   UNIT 03 Shall   UNIT 04 May   UNIT 05 Must / Have to

[01~05] 괄호 안에서 맞는 단어를 골라 ○표 하세요.

01
A: (Did / Can) you help me?
B: Sorry, but I'm very busy.

02
A: (May / Will) I go home now?
B: Yes, you may.

03
A: (Must / Shall) we learn French?
B: Yes, let's.

04
A: (Must / Will) you open the door?
B: Sure.

05
A: When (shall / had to) we meet?
B: Tomorrow evening.

[06~10] 밑줄 친 부분을 어법에 맞게 고쳐 문장을 다시 쓰세요.

06
You <u>may use not</u> this book.

⇨ _____

07
She has to <u>buys</u> a camera.

⇨ _____

08
The boys will <u>are</u> free after school.

⇨ _____

09
I <u>could pass not</u> the exam.

⇨ _____

10
Would you <u>taking</u> care of my dog?

⇨ _____

11

(Shall / May)

⇨ _____ we go on a picnic?

(우리 소풍 갈까?)

12

(Will / May)

⇨ _____ I go to Japan?

(제가 일본에 가도 될까요?)

13

(can / must)

⇨ We _____ clean the room now.

(우리는 지금 방 청소를 해야 한다.)

14

(Would / Shall)

⇨ _____ you give me a swimming lesson?

(나에게 수영을 가르쳐 주시겠어요?)

15

(may / have to)

⇨ You _____ go home now.

(너희들은 지금 집에 가도 된다.)

[16~20] 다음 질문에 적절하지 <u>않은</u> 대답을 고르세요.

16

Would you turn on the TV?

① Sure.

② Yes, let's.

③ No problem.

④ Of course.

17

Could you hold the door for me?

① No problem.
② All right.
③ Okay.
④ No, you can't.

18

Will you pick up my daughter in the evening?

① I'm sorry, but I'm busy.
② Sure, don't worry about it.
③ Yes, I will go in the morning.
④ I'm sorry, but my car is broken.

19

Shall we order pizza for lunch?

① Of course, I already ate lunch.
② No, let's not. I had pizza yesterday.
③ Sure, that sounds good to me.
④ Yes, let's. I want some cheese pizza.

20

May I use your computer?

① Go ahead.
② Yes, you may.
③ No, you don't.
④ No, you may not.

[21~23] 다음 문장을 부정문으로 바꿔 쓰세요.

21

He must write a letter to her.

⇨ _____

22

You have to go to the bank tomorrow.

⇨ _____

23

She had to come home earlier.

⇨ _____

[24~25] 다음 문장을 의문문으로 바꿔 쓰세요.

24

I may use your car.

⇨ _____

25

You could play chess with me.

⇨ _____

28

(play / the / can / flute / She / well).

⇨ _____

[26~30] 다음 그림을 보고, 주어진 단어들을 순서에 맞게 배열하여 문장을 완성하세요.

26

(will / get up / early / I).

⇨ _____

29

(go / the / to / May / I / restroom)?

⇨ _____

27

(the rules / must / Students / follow).

⇨ _____

30

(we / eat / Shall / food / Chinese)?

⇨ _____

UNIT 06
many, much, a lot of

공부한 날 :   복습한 날 :   부모님 확인 :

사물의 많고 적음을 나타내는 형용사를 '수량 형용사'라고 합니다. 먼저 '많음'을 나타내는 말들을 살펴보도록 해요.

'많음'을 나타내는 대표적인 표현은 many, much, a lot of 이렇게 세 가지입니다. 이 표현들은 각각 어떨 때 쓰일까요?

many는 개수를 셀 수 있는 명사와 함께 쓰입니다.

many friends
많은 친구들

many books
많은 책들

many cars
많은 차들

many는 긍정문과 부정문, 의문문에 모두 쓸 수 있어요.

긍정문 | **I have many books.** 나는 많은 책을 갖고 있다.

부정문 | **I don't have many toys.** 나는 많은 장난감을 갖고 있지 않다.

의문문 | **Do you have many pens?** 너는 많은 펜을 갖고 있니?

그렇다면 물, 소금, 밀가루 그리고 시간, 돈과 같이 셀 수 없는 명사의 많음을 나타낼 때는 어떻게 할까요? 이때 쓰는 것이 바로 **much**입니다.

water
물

much water
많은 물

salt
소금

much salt
많은 소금

flour
밀가루

much flour
많은 밀가루

much는 긍정문에 쓸 수 없는 것은 아니지만 대부분 부정문, 의문문에 많이 쓰여요.

부정문 | **I don't have much time.** 나는 시간이 많지 않다.

의문문 | **Do you have much money?** 너는 많은 돈을 갖고 있니?

☆✩ **a lot of**는 셀 수 있는 명사, 셀 수 없는 명사에 상관 없이 쓸 수 있어요.

셀 수 있는 명사 | **You bought a lot of carrots.** 너는 많은 당근을 샀어.

셀 수 없는 명사 | **I have a lot of energy.** 나는 에너지가 많아.

그리고 **a lot of**는 긍정문은 물론이고 부정문, 의문문과도 아주 잘 어울린답니다.

긍정문 | **He drank a lot of water.** 그는 많은 물을 마셨다.

부정문 | **I don't like a lot of noise.** 나는 소음이 많은 게 싫어.

의문문 | **Did you have a lot of fun?** 너 많이 즐거웠니?

연습문제 | 문제를 풀고 녹음 파일을 따라 읽고 연습하세요. 🎧 MP3 4권 본문 UNIT 06
정답 및 해석 p. 102

Step 1 괄호 안의 단어 중 맞는 것에 ○표 하세요.

01 ((many), much) friends

02 (many, much) pictures

03 (many, much) oil

04 (many, much) sugar

05 (many, much) spoons

06 (many, much) milk

07 (many, much) apples

08 (many, much) soup

09 (many, much) time

10 (many, much) bread

11 (many, much) money

12 (many, much) cups

13 (many, much) desks

14 (many, much) water

15 (many, much) animals

16 (many, much) erasers

17 (many, much) meat

18 (many, much) players
선수

Step 2 밑줄 친 부분을 바르게 고쳐 쓰세요.

01 She buys a lot of <u>cup</u>. ⇨ cups

02 I can see <u>many breads</u> on the shelf. ⇨ _____
선반

03 She ate <u>much sandwich</u> for lunch. ⇨ _____

04 They read <u>much</u> books. ⇨ _____

05 Jenny bought a lot of <u>egg</u>. ⇨ _____

06 You should not put <u>many sugars</u> into the bowl. ⇨ _____
그릇, 사발

07 I learn <u>much</u> languages. ⇨ _____
언어

08 I don't use <u>many waters</u>. ⇨ _____

09 Will he buy <u>a lot milks</u>? ⇨ _____

10 You should not <u>waste many times</u>. ⇨ _____
낭비하다

Step 3 주어진 글자로 시작하는 알맞은 수량 형용사를 쓰세요.

01 I need m uch _____ pepper.
후추

02 She used a l_____ _____ flour.

03 Do you have m_____ cousins?
사촌

04 He spends m_____ time on baking.
bake 빵을 굽다

05 I don't have m_____ money.

06 Did you have a l_____ _____ work?

07 She has m_____ pencils.

08 I don't drink m_____ juice.

09 She found a l_____ _____ ants in the hole.
개미 구멍

10 Are there m_____ cookies in the box?

Step 4 주어진 단어에 알맞은 수량 형용사를 붙이고 알맞은 형태로 바꿔 쓰세요. (many, much, a lot of 중 두 가지 사용)

01 beer ⇨ much[a lot of] beer
맥주

02 flower ⇨ _____

03 coffee ⇨ _____

04 cheese ⇨ _____

05 school ⇨ _____

06 money ⇨ _____

07 orange ⇨ _____

08 phone ⇨ _____
전화기

UNIT
06

중학교 내신 시험에 꼭 나오는 문법 요점 정리 | many, much, a lot of

• (①_____): 사물이 많은지 적은지를 나타내는 형용사

• '많음'을 나타내는 수량 형용사

셀 수 있는 명사 앞	셀 수 없는 명사 앞
(②_____)	(③_____)
셀 수 있는 명사, 셀 수 없는 명사 앞	
a (④_____) of	

• 연습하기
• (⑤_____) sugar
• (⑥_____) bottles
• much[a lot of] salt
• many[a lot of] books

① 수량 형용사 ② many ③ much ④ lot ⑤ much[a lot of] ⑥ many[a lot of]

UNIT 06 / many, much, a lot of

(a) few, (a) little

공부한 날 :   복습한 날 :   부모님 확인 :

이번에는 '적음'을 나타내는 수량 형용사에 대해 배워 봅시다. '적음'을 나타내는 표현에는 (a) few와 (a) little이 있는데요. (a) few는 셀 수 있는 명사와, (a) little은 셀 수 없는 명사와 함께 쓰입니다.

a few books

a few pencils

a few cups

a few desks

a little light

a little time

a little money

a little water

이렇게 a few는 셀 수 있는 명사와 함께 쓰이고, a little은 셀 수 없는 명사와 함께 쓰이며 '적은'의 뜻을 가집니다. 그런데 여기서 a만 빼면 뜻이 완전히 달라져요. a가 빠진 few와 little의 뜻은 과연 무엇일까요?

a few books

few books

a few cups

few cups

a little money

little money

a little water

little water

☆a가 빠진 few와 little은 '거의 없는'이라는 뜻이에요. 그래서 우리말로 해석할 때 부정문처럼 해석해야 자연스럽답니다.

I have few friends. 나는 친구가 거의 없다.
She has little soap. 그녀는 비누가 거의 없다.

few랑 little은 '거의 없는'이란 뜻이니까 부정문처럼 해석해요.

a few는 보통 20이상 적은 숫자를 나타냅니다. 적은 숫자는 3이 될 수도 있고, 비교 대상에 따라 상대적이기 때문에 다른 숫자가 될 수 있어요. 예를 들면 100,000개 중에 100개는 a few라고 말할 수 있답니다.

지금까지 배웠던 수량 형용사를 간단하게 그림으로 살펴봐요.

much homework

a little homework

little homework

many students

a few students

few students

여기서 many와 much는 모두 a lot of로 바꿔 쓸 수 있다는 것 꼭 기억하세요!

연습문제

문제를 풀고 녹음 파일을 따라 읽고 연습하세요. 🎧 MP3 4권 본문 UNIT 07
정답 및 해석 p. 102

초777_4_p7

Step 1 우리말 해석과 같도록 빈칸에 들어갈 알맞은 수량 형용사를 쓰세요.

01 I have ___few___ friends. 나는 친구가 거의 없다.

02 They read _____ books. 그들은 책을 거의 읽지 않았다.

03 I drink _____ coke for my health. 나는 건강을 위해 콜라를 거의 마시지 않는다.
콜라

04 _____ close friends live here. 몇 명의 절친한 친구들이 여기에 산다.
절친한 친구

05 We spent _____ time together. 우리는 함께 보낸 시간이 거의 없었다.

06 She bought _____ bread. 그녀는 빵을 조금 샀다.

UNIT
07

07 They ate _____ honey. 그들은 꿀을 조금 먹었다.
꿀

08 I have _____ oranges in the refrigerator.
냉장고

나는 냉장고에 오렌지 몇 개를 가지고 있다.

Step 2 그림에 맞는 표현을 골라 ○표 하세요.

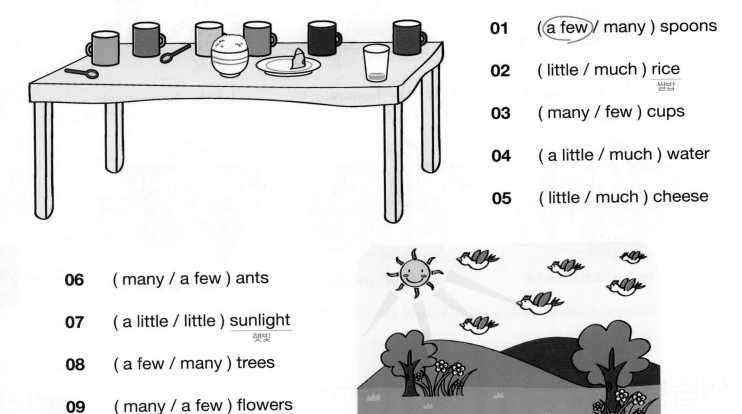

01 ((a few) / many) spoons

02 (little / much) rice
쌀밥

03 (many / few) cups

04 (a little / much) water

05 (little / much) cheese

06 (many / a few) ants

07 (a little / little) sunlight
햇빛

08 (a few / many) trees

09 (many / a few) flowers

10 (many / few) birds

Step 3 밑줄 친 부분이 맞으면 ○표, 틀리면 알맞게 고치세요. (a를 붙인 채로 고치세요.)

01 I have a little nephews.   ⇨ _____ a few _____
남자 조카

02 I have a few sugar.   ⇨ _____

03 He has a few candies.   ⇨ _____

04 This country has <u>a few</u> water. ⇨ _____

05 You drank <u>a few</u> milk this morning. ⇨ _____

06 We have <u>a little</u> salt. ⇨ _____

07 I have <u>a few</u> hobbies. ⇨ _____

08 This flower needs <u>a few</u> sunlight. ⇨ _____

09 There are <u>a little</u> students in the class. ⇨ _____

10 She has <u>a little</u> money. ⇨ _____

Step 4 우리말 해석과 같도록 괄호 안의 말을 이용하여 문장을 완성하세요.

01 나는 빵이 조금 필요해요. (need, bread) ⇨ I *need a little bread* .

02 나는 시간이 거의 없어요. (have, time) ⇨ I _____ .

03 그녀는 옷이 거의 없어요. (has, clothes) ⇨ She _____ .

04 그는 고기를 조금 먹어요. (eats, meat) ⇨ He _____ .

05 나는 기름이 거의 안 필요해요. (need, oil)
기름
⇨ I _____ .

06 나는 문제가 조금 있어요. (have, problems) ⇨ I _____ .

UNIT
07

중학교 내신 시험에 꼭 나오는 문법 요점 정리 | (a) few, (a) little

• '적음'을 나타내는 표현: a (①_____), a few, (②_____), little

셀 수 있는 명사 앞		셀 수 없는 명사 앞	
조금	거의 없는	조금	거의 없는
(③_____)	few	(④_____)	(⑤_____)

• 주의할 점: few와 little은 '거의 없는'의 의미이므로 부정문처럼 해석

① little ② few ③ a few ④ a little ⑤ little

UNIT 08
some, any

one apple, two apples, three apples, four apples … 휴~ 많지는 않지만 일일이 세기는 좀 그럴 때 쓸 수 있는 게 있어요. 바로 some과 any입니다. 이 둘은 '약간', '몇몇의', '어느 정도'의 뜻이고요, 대략적인 수나 양을 표현할 때 쓴답니다. 다음 그림을 한 번 묘사해 볼까요?

집은 한 채 one/a house,
산은 하나 one/a mountain,
강도 한 줄기 one/a river,
꽃과 나무는 많지도 않고 적지도 않네요.
이럴 때, four trees, three flowers 대신에
some trees, some flowers라고 하면 되겠죠?

---

some은 셀 수 있는 명사 뿐 아니라 셀 수 없는 명사에도 쓰인답니다.

some **water**   some **sugar**
셀 수 없는 명사

some **chickens**   some **letters**
셀 수 있는 명사

단, 셀 수 없는 건 some이 붙든 any가 붙든 무조건 some과 any 뒤에 단수 형태의 명사가 와야 해.

---

water, milk, cheese, bread, sugar와 같이 셀 수 없는 명사는 some, any 외에 담겨 있는 그릇(a cup of, a glass of)이나 조각(a piece of)으로 단위를 셀 수 있습니다.

a carton of milk
(= some milk)

a loaf of bread
(= some bread)

a piece of cheese
(= some cheese)

그런데 some과 같은 뜻이라는 any는 왜 아직까지 등장을 안 하는 걸까요? 그 이유는 **any가 긍정문 보**다는 부정문, 의문문에 쓰이기 때문이에요.

부정문 | **I don't have any money.** 난 돈이 하나도 없어.
She isn't making any plans. 그녀는 아무 계획도 짜고 있지 않다.

의문문 | **Do you have any friends?** 넌 친구가 있니?
Does she need any help? 그녀가 도움을 필요로 하니?

그럼, some은 긍정문 외에는 절대 못 쓰는 걸까요? 아뇨, some도 의문문에 쓰일 때가 있어요. 누군가에게 무언가를 권유하거나 요청하는 의문문일 때는 any 대신 some을 써요.

권유 | **Would you like some cookies?** 쿠키 좀 드시겠습니까?
Would you eat some cheesecake? 치즈 케이크 좀 드시겠어요?

요청 | **Can I get some water?** 물 좀 주시겠어요?
May I have some chairs? 의자들 좀 주시겠습니까?

연습문제 | 문제를 풀고 녹음 파일을 따라 읽고 연습하세요. 🎧 MP3 4권 본문 UNIT 08
정답 및 해석 p. 102

초777_4_p8

Step 1 우리말 해석과 같도록 알맞은 것에 ○표 하세요.

01 I want (some, any) cookies. 나는 약간의 쿠키를 원해.

02 Would you like (some, any) tea? 너는 차를 좀 마시겠니?

03 She knows some (people, person). 그녀는 몇몇의 사람들을 안다.

04 Do you have (some, any) clothes? 너는 옷이 좀 있니?

05 We read some (books, book). 우리는 몇 권의 책을 읽었다.

06 Jenny put some (peppers, pepper) in her dish. Jenny는 그녀의 음식에 약간의 후추를
음식   뿌렸다.

07 I don't have (some, any) friends. 나는 친구가 하나도 없어.

08 Can I get (some, any) tickets? 표 좀 구할 수 있을까요?
표, 티켓

09 He drank some (waters, water). 그는 약간의 물을 마셨다.

10 She doesn't have (some, any) trouble. 그녀는 아무런 문제가 없다.
문제

Step 2 밑줄 친 부분을 바르게 고쳐 쓰세요.

01 Would you like <u>any</u> juice? ⇨ some

02 There are <u>any</u> pictures on the table. ⇨ _____

03 I went to the market with some <u>friend</u>. ⇨ _____

04 She doesn't know <u>some</u> English words. ⇨ _____

05 I don't need <u>some</u> advice. ⇨ _____
충고, 조언

06 I would like <u>any</u> sugar, please. ⇨ _____

07 I can see some <u>flower</u> in the garden. ⇨ _____

08 She <u>bought</u> me <u>any</u> cheese. ⇨ _____
buy 사다

09 Would you like <u>any coffees</u> with me? ⇨ _____

10 He can find some <u>nurse</u> in the hospital. ⇨ _____

11 We didn't have <u>some question</u>. ⇨ _____

Step 3 주어진 단어를 바르게 배열하여 문장을 완성하세요.

01 (Would / like / milk / some / you)? ⇨ Would you like some milk?

02 (Do / any / have / books / you)? ⇨ _____

03 (want / I / sandwiches / some). ⇨ _____

04 (don't / any / I / <u>hope</u> / have). ⇨ _____
희망

05 (You / get / rest / some / can). ⇨ _____

06 (She/ <u>medicine</u> / some / take / must). ⇨ _____
약

07 (I / May / eat / some / bread)? ⇨ _____

08 (He / want / doesn't / problems / any). ⇨ _____

09 (Let's / dessert / some / have). ⇨ _____
후식

10 (Do / need / help / any / you)? ⇨ _____
도움

11 (Could / advice / give / some / you / me)? ⇨ _____

Step 4   우리말 해석과 같도록 괄호 안의 말을 이용하여 some 또는 any를 포함한 문장을 완성하세요.

01 책 좀 읽을래요? (read, books) ⇨ Would you <u>read some books</u>?

02 물 좀 마실래요? (like, water) ⇨ Would you _____?

03 Amy는 쿠키를 좀 살 것이다. (will, buy, cookies) ⇨ Amy _____.

04 너는 애완동물이 있니? (have, pets) ⇨ Do you _____?

05 나는 책을 좀 보냈다. (sent, books) ⇨ I _____.

06 그는 어떤 계획도 갖고 있지 않다. (have, plans) ⇨ He doesn't _____.
계획

07 고기를 좀 더 먹으렴. (more meat) ⇨ Have _____.

08 포도주가 좀 있다. (wine) ⇨ There is _____.
포도주, 와인

중학교 내신 시험에 꼭 나오는 문법 요점 정리 | some, any

• some과 (① _____): 많지는 않지만 정확하지 않은 약간의 수를 말할 때 사용
• 셀 수 없는 명사, 셀 수 있는 명사에 모두 사용
• 셀 수 없는 명사에 some과 any를 사용할 때: 그 뒤의 명사는 무조건 (② _____) 형태
• 의문문에서 무언가를 권유하거나 요청하는 경우: (③ _____) 대신 (④ _____)
  사용
• 연습하기
  • Would you like (⑤ _____) water? 물 좀 마실래요?
  • Do you have (⑥ _____) friends? 넌 친구가 있니?

① any ② 단수 ③ any ④ some ⑤ some ⑥ any

UNIT 09
숫자 묻고 답하기

공부한 날 :   복습한 날 :   부모님 확인 :

키를 물어볼 때, 나이를 물어볼 때, 가족 수를 물어볼 때와 같이 일상생활에서 수를 물어보고 대답할 일이
참 많아요. 이렇게 수를 물어볼 때는 의문사 how를 씁니다.

how는 원래 '어떻게'라는 뜻을
가지고 있지만 여기에 형용사가 붙으면
'얼마나 ~한'이라는 뜻이 된답니다.

그럼, 본격적으로 'how'를 이용해 개수와 나이를 물어보는 표현을 배워 보도록 해요.

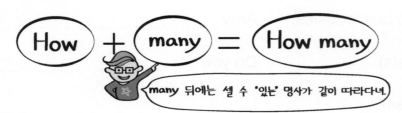

첫 번째로 '개수'를 물어볼 때는 '많은'이라는
형용사 many를 이용해서 물어봅니다.
how many는 '얼마나 많은, 몇 개의'의
뜻을 가지고 있으며 셀 수 있는 명사의
개수를 물어볼 때 씁니다.

many 뒤에는 셀 수 '있는' 명사가 같이 따라다녀.

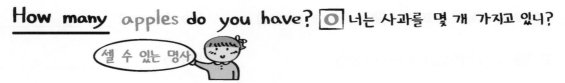

How many apples do you have? ☐ 너는 사과를 몇 개 가지고 있니?

셀 수 있는 명사

How many water do you have? ☒ 너는 물을 얼마나 가지고 있니?

셀 수 없는 명사

두 번째로 '나이'를 물어볼 수 있어요.
나이를 물어볼 때는 '나이가 든'이라는 형용사 old를 이용해서 물어봅니다.

how old는 '얼마나 오래된, 몇 살의'라는
뜻을 가지고 있으며 사람의 나이나 물건의
오래된 정도를 물어볼 때 쓰는 말이에요.

'얼마나 오래된', '몇 살의'

또한 나이를 대답할 때는 '숫자 + years old'라고 하면 됩니다.

How old are you? 너는 몇 살이니?   **I am 12 years old.** 나는 12살입니다.

How old is this building? 이 빌딩은 얼마나 오래 되었니?
This building is 50 years old. 이 빌딩은 50년 되었습니다.

마지막으로 '높이, 키'를 물어볼 때는 '키가 큰, 높은'이라는 뜻을 가진 tall을 함께 써 줘요.

how tall은 '얼마나 높은, 얼마나 키가 큰'의 뜻을 가지고 있어서 키가 몇인지 물어보거나 건물이나 나무같은 것들의 높이를 물어볼 때 씁니다.

How tall are you? 너는 키가 몇이니? **I am 150 centimeters (tall).** 나는 150cm입니다.
How tall is the tree? 그 나무는 얼마나 높니? **It is 4 meters (tall).** 그것은 4m입니다.

연습문제 | 문제를 풀고 녹음 파일을 따라 읽고 연습하세요. 🎧 MP3 4권 본문 UNIT 09
정답 및 해석 p. 102

Step 1 빈칸에 알맞은 단어를 쓰세요.

01 A: How _____old_____ is she?

B: She is 20 years old.

02 A: How _____ is the tree?

B: It is three meters.

03 A: How _____ candies do you have?

B: I have three candies.

04 A: How _____ is your sister?

B: She is 10 years old.

05 A: How _____ are you?

B: I am 160 centimeters.

06 A: How _____ people do you need?

B: I need 10 people.

07 A: How _____ is this tower?
탑, 타워

B: It is 15 meters.

08 A: How _____ is your father?

   B: He is 40 years old.

09 A: How _____ postcards do you want?
   엽서

   B: I want three postcards.

10 A: How _____ is Brett?

   B: He is 170 centimeters.

Step 2 우리말 해석과 같도록 빈칸에 알맞은 말을 쓰세요.

01 A: _____How_____ _____old_____ is your cousin, Jay? 너의 사촌 Jay는 몇 살이니?

   B: He is seven _____years_____ _____old_____. 그는 7살이야.

02 A: _____ _____ is he? 그는 키가 몇이니?

   B: He is _____ centimeters. 그는 130cm야.

03 A: _____ _____ family members does he have? 그는 가족이 몇 명이나 되니?
   식구, 가족 구성원

   B: He has _____ members in his family. 그의 가족은 4명이야.

04 A: _____ _____ is your brother? 너희 오빠는 몇 살이니?

   B: He is _____ years _____. 그는 17살이야.

05 A: _____ _____ classes does your brother take? 너희 오빠는 수업을 몇 개 듣니?
   (수업 등을) 듣다

   B: He takes _____ _____ a day. 그는 하루에 6개의 수업을 들어.

Step 3 'How many', 'How old' 또는 'How tall'을 이용하여 다음 대답에 어울리는 질문을 만드세요.

01 A: _How tall is he?_

   B: He is 180cm.

02 A: _____

   B: She is 10 years old.

03 A: _____

      B: I have 20 magazines.
                               잡지

04 A: _____

      B: They have three bags.

05 A: _____

      B: I am 24 years old.

06 A: _____ the ABC building?

      B: It is 50m.

Step 4 우리말 해석과 같도록 괄호 안의 말을 이용하여 문장을 완성하세요.

01 그는 몇 살인가요? (old) ⇨ How old is he? _____

02 너는 키가 몇이니? (tall) ⇨ _____

03 넌 신발이 몇 개나 있니? (many, shoes) ⇨ _____

04 너의 형은 몇 살이니? (old, older brother) ⇨ _____

05 그녀는 책을 몇 권 갖고 있니? (many, books) ⇨ _____

06 너의 개는 몇 살이니? (old, your dog) ⇨ _____

UNIT 09

중학교 내신 시험에 꼭 나오는 문법 요점 정리 | 숫자 묻고 답하기

How + 형용사: '얼마나 ~한'의 뜻

How + 형용사 ~?		의미
How (①) + 셀 수 있는 명사 ~?		얼마나 많은, 몇 개의
How (②) ~?		얼마나 오래된, 몇 살의
How (③) ~?		얼마나 높은, 얼마나 키가 큰

① many ② old ③ tall

UNIT 10
가격과 양, 거리 묻고 답하기

공부한 날 :   복습한 날 :   부모님 확인 :

how many와 how old를 이용해 수를 묻고 답하는 건 이제 고수가 되었을 거에요. 이번에는 의문사 how를 이용해서 가격과 양, 거리를 물어보는 표현을 배워 볼게요. 앞에서 배운 'how + 형용사'가 '얼마나 ~한'의 뜻이라는 것을 머릿속에 기억하면서 가격을 묻고 답하는 표현부터 살펴봐요.

영어권 사람들은 돈을 의미하는 money는 '셀 수 없는 명사'라고 생각해요. 그래서 가격을 물어볼 때는 '셀 수 없는 명사'에 쓰는 much를 씁니다.

돈(money)은 셀 수 없는 명사이지만 dollar(달러) 같은 화폐 단위는 '셀 수 있는 명사'입니다. 따라서 1달러는 one dollar라고 쓰지만 2달러부터는 two dollars, three dollars ..., 이렇게 -s를 붙여 줘야 돼요.

---

much는 가격 외에 셀 수 없는 명사의 양을 물어볼 때도 쓸 수 있어요. 밀가루, 설탕, 물 등은 셀 수 없는 명사이기 때문에 개수가 아니라 양으로 말해 줘야 해요. 이때도 how much를 쓴답니다.

개수를 나타낼 때는 'one, two, three ...', 숫자만 말해 주면 되지만 양을 나타낼 때는 반드시 gram(그램)과 kilogram(킬로그램) 같이 무게를 나타내는 단위를 쓰거나, liter(리터)와 같이 부피를 나타내는 단위를 써서 표시해줘야 합니다.

이렇게 단위를 써서 대답해야 하는 것으로 '거리'도 있습니다.
거리를 물어볼 때는 '먼'이라는 뜻의 형용사 far를 이용합니다. 따라서 how far는 '얼마나 먼'이라는 뜻이죠. 거리는 meter, kilometer 등을 이용해서 대답한답니다.

이렇게 how와 형용사를 이용해서 양과 금액, 거리를 물어볼 수 있는 방법을 배웠어요. 배운 것 잘 기억해두세요!

연습문제
문제를 풀고 녹음 파일을 따라 읽고 연습하세요. 🎧 MP3 4권 본문 UNIT 10
정답 및 해석 p. 103

초777_4_p10

Step 1 괄호 안에서 알맞은 것에 ○표 하세요.

01 (How far / How much) is it to Busan?

02 (How much / How many) sugar do you need?
필요하다

03 (How much / How many) is this bag?

04 (How far / How many) is it to school?

05 (How much / How many) eggs do you want?

06 (How far / How many) clouds can you see?
구름

07 (How much / How many) is the flower?

08 (How far / How many) is it from here to there?

09 (How much / How many) butter do you have?

10 (How many / How much) is this robot?
<u>로봇</u>

Step 2 주어진 단어를 바르게 배열하여 문장을 완성하세요.

01 (How, is, it, far, to Canada)? ⇨ <u>How far is it to Canada?</u>

02 (It, seven kilometers, is, to Canada). ⇨ _____

03 (How, is, it, much)? ⇨ _____

04 (three, It, is, dollars). ⇨ _____

05 (cheese, How, you, need, do, much)? ⇨ _____

06 (far, How, it, is, to Daegu)? ⇨ _____

07 (How, these tables, much, are)? ⇨ _____

08 (is, much, How, this chair)? ⇨ _____

09 (are, They, one hundred, dollars). ⇨ _____

10 (much, water, How, you, do, have)? ⇨ _____

Step 3 'How much', 'How far'를 이용하여 대답에 어울리는 질문을 만드세요.

01 A: <u>How much is it?</u>

  B: It is 500 won.

02 A: _____

  B: I need three liters of milk.
  <u>리터</u>

03 A: _____

  B: She wants 100 grams of flour.

04 A: _____ the school?

B: It is 10km from here.

05 A: _____

B: I have 2kg of sugar.

06 A: _____ the ticket?

B: It is 10 dollars.

Step 4 우리말 해석과 같도록 괄호 안의 말을 활용하여 문장을 완성하세요.

01 이 공책은 얼마인가요? (this notebook)

⇨ How much is this notebook?

02 당신은 빵이 얼마만큼 필요한가요? (bread, need)

⇨ _____

03 공원까지 얼마나 먼가요? (the park)

⇨ _____

04 당신은 얼마만큼의 종이를 원하시나요? (paper, want)

⇨ _____

05 교회까지 얼마나 먼가요? (the church)

⇨ _____

06 은행까지 얼마나 먼가요? (the bank)

⇨ _____

중학교 내신 시험에 꼭 나오는 문법 요점 정리 | 가격과 양, 거리 묻고 답하기

• How + 형용사 ~?: 가격, 셀 수 없는 명사의 '양'이나 '거리'를 물을 때 사용

How + 형용사 ~?		활용	
How (①) ~?		가격, 셀 수 (②) 명사의 양	
How (③) ~?		거리	

① much ② 없는 ③ far

UNIT 06~10
진단평가 및 교내평가 대비 실전테스트

공부한 날 :   복습한 날 :   부모님 확인 :

UNIT 06 many, much, a lot of UNIT 07 (a) few, (a) little UNIT 08 some, any UNIT 09 숫자 묻고 답하기 UNIT 10 가격과 양, 거리 묻고 답하기

01

다음 빈칸에 공통으로 들어갈 알맞은 의문사를 쓰세요.

- _____ many pictures did you see?
- _____ much milk did you drink?

[02~05] 다음 그림을 보고, 빈칸에 들어갈 알맞은 말을 [보기]에서 골라 쓰세요.

[보기] many   a lot of   little   few

02

I have _____ orange juice.

03

There are _____ toys in the box.

04

He got _____ correct answers.

05

There is _____ water.

06

some과 any 중에 빈칸에 들어갈 단어가 <u>다른</u> 하나를 고르세요.

① He doesn't drink _____ water.
② I bought _____ boxes.
③ _____ people liked him.
④ You have _____ plans for the future.

[07~08] 다음 대화를 읽고, 물음에 답하세요.

A: Would you like ㉠_____ drink?
B: Yes, please. Do you have grape juice?
A: Sorry, we don't have ㉡_____ juice. But we have soft drinks, coffee, and milk.
B: Then, can I get ㉢<u>a cup of coffee</u>?
A: Sure. I will be right back.

07

대화의 빈칸에 들어갈 단어끼리 알맞게 짝지은 것을 고르세요.

	ㄱ		ㄴ
①	much	—	any
②	any	—	some
③	some	—	any
④	some	—	some

08

밑줄 친 ㄷa cup of를 대신해서 쓸 수 있는 단어를 고르세요.

① few   ② some

③ many   ④ a few

09

밑줄 친 부분이 틀린 문장을 고르세요.

① I don't have <u>any</u> tests tomorrow.
② Do you want <u>many</u> money?
③ She bought <u>a lot of</u> bottles.
④ You have <u>much</u> time.

10

다음 대화를 읽고, 빈칸에 공통으로 들어갈 형용사를 쓰세요.

> A: I saw your brother yesterday. How _____ is he?
> B: Who are you talking about? I have many brothers.
> A: Well, he was wearing glasses.
> B: Oh, you mean Jake. He is 14 years _____.

[11~12] 다음 대화를 읽고, 물음에 답하세요.

> A: I will make ①some pancakes.
> B: ②How many eggs do you need?
> A: I need ③three eggs. 얼마나 많은 milk do you have?
> B: Two liters. Is it Okay?
> A: Yes. Could you give me ④a few sugar?

11

밑줄 친 우리말과 같은 의미의 말을 영어로 쓰세요.

⇨ _____

12

위 대화의 ①~④ 중 어색한 것을 고르세요.

①   ②   ③   ④

[13~14] 다음 그림을 보고, 괄호 안에서 알맞은 말에 ○표 하세요.

13

I have (a few, few) books.

14

I have (a few, few) books.

15

some과 any 중에서 빈칸에 공통으로 들어갈 알맞은 단어를 쓰세요.

> • Can I get _____ coffee?
> • I have _____ pictures in my room.

16

다음 중 맞는 문장을 고르세요.

① How far is it to the station?
② How much biscuits did you eat?
③ How tall is it from here?
④ How many bread do you want?

17

다음 그림을 보고, 빈칸에 알맞은 수량 형용사를 [보기]에서 찾아 쓰세요.

[보기] many   much   a few   a little

(1) _____ desks and chairs
(2) _____ students

18

다음 빈칸에 공통으로 들어갈 수 있는 말을 고르세요.

• I have _____ pencils.
• They bought _____ flour.

① much   ② any   ③ a lot of   ④ a few

19

밑줄 친 부분이 틀린 문장을 고르세요.

① I have <u>many</u> cheese in my refrigerator.
② She didn't ask <u>a lot of</u> questions.
③ Would you like <u>some</u> tea?
④ Do you want to eat <u>any</u> bread?

20

다음 대화를 순서대로 알맞게 배열한 것을 고르세요.

㉠ Hi, nice to meet you. How old are you?
㉡ Me, too. You look tall. How tall are you?
㉢ I am 12 years old. And you?
㉣ Just 150 centimeters.

① ㉠-㉡-㉢-㉣   ② ㉠-㉢-㉡-㉣
③ ㉢-㉣-㉡-㉠   ④ ㉡-㉢-㉠-㉣

[21~22] 다음 단어들을 순서에 맞게 배열하여 문장을 완성하세요.

21

(How / is / old / your sister)?

⇨ _____

22

(have / do / friends / many / you / How)?

⇨ _____

[23~24] 다음 대화를 읽고, 물음에 답하세요.

A: How far is it to the library? I have <u>many</u> homework.
B: It is only 500 meters. You can go on foot.
A: Thank you. Is it noisy there?
B: Not at all. Few people study there.
A: That's good.

23

대화의 내용과 일치하지 <u>않는</u> 것을 고르세요.

① B는 도서관의 위치를 알고 있다.
② A는 도서관까지 거리를 묻고 있다.
③ 도서관은 걸어서 갈 수 있다.
④ 도서관에서 공부하는 사람들이 많다.

24

밑줄 친 부분을 바르게 고치세요.

⇨ _____

25

빈칸에 들어갈 말을 순서대로 연결한 것을 고르세요.

> • ___㉠___ is it? – It's four dollars.
> • I don't have ___㉡___ questions.

	㉠		㉡
①	How much	—	any
②	How much	—	some
③	How many	—	any
④	How many	—	some

26

다음 중 <u>어색한</u> 문장을 고르세요.

① I have little soap.
② She doesn't have much time today.
③ Do you have any problems?
④ I don't want some milk.

27

우리말 해석과 같도록 빈칸에 알맞은 단어를 쓰세요.

> • Would you like _____ coffee?
>   당신은 커피를 좀 드시겠어요?

28

다음 글을 읽고, <u>어색한</u> 부분을 고르세요.

> Dear diary,
> It was really hot today. I couldn't open my eyes because of (A)a lot of sunshine. (B)A few classmates looked really tired. There were (C)little people on the street because of hot *weather.
>
> * weather: 날씨

[29~30] 다음 대화를 읽고, 물음에 답하세요.

> A: How ___㉠___ movies did you watch yesterday?
> B: I watched only a few movies. Just two.
> A: Did you *rent DVDs? ___㉡___ were they?
> B: Three dollars each.
>
> * rent: 빌리다

29

㉠에 들어갈 알맞은 말을 고르세요.

① many   ② much
③ few   ④ a little

30

㉡에 들어갈 알맞은 말을 쓰세요.

_____

UNIT 11
접착제 역할을 하는 접속사

공부한 날 :   복습한 날 :   부모님 확인 :

접속사란 단어와 단어, 문장과 문장을 이어주는 말로, 접착제와 같은 역할을 해요. 먼저 접속사로 단어와 단어를 연결해 볼게요.

이번에는 문장과 문장을 연결해 볼까요?
The door opened. 문이 열렸다.
He came in. 그가 들어왔다.

두 문장을 접속사 and를 사용해 찰~싹 붙여서 하나의 문장으로 만들어 봤어요.
그럼, 이제 어떤 접속사가 어떨 때 쓰이는지 알아볼까요?

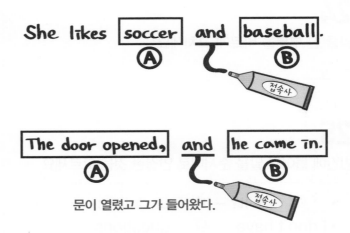

문이 열렸고 그가 들어왔다.

---

and
'~와, 그리고'
서로 대등한 내용을 연결할 때

Mary is my sister, and she is cute.
Mary는 내 여동생이고 그녀는 귀여워요.

여기서 잠깐!
눈치 채셨나요? 접속사 뒤에 올 Mary를 she로 바꿔 줬어요. 영어는 반복을 싫어해요. 그래서 접속사 뒤에 반복되어 나오는 내용은 대명사로 바꿔 주거나 생략될 수 있어요.

---

but
'그러나, ~이지만'
서로 반대되는 내용을 연결할 때

Mary likes fruit, but she doesn't like vegetables.
Mary는 과일을 좋아하지만 채소는 좋아하지 않아요.

or

'또는, ~ 아니면'
둘 중 하나를 선택할 때

Do you want to watch a movie?

Do you want to go to the mall?

Do you want to watch a movie or go to the mall?
너 영화 보고 싶니, 아니면 쇼핑몰에 가고 싶니?
(or 다음에는 반복되는 내용인 Do you want to가 생략되었어요.)

so

'그래서, 그러므로'
어떤 일의 결과를 말할 때

I had a cold. ✚ I went to the doctor.

I had a cold, so I went to the doctor.
나는 감기에 걸려서 의사에게 갔다.

연습문제 | 문제를 풀고 녹음 파일을 따라 읽고 연습하세요. 🎧 MP3 4권 본문 UNIT 11
정답 및 해석 p. 103

초777_4_p11

Step 1 우리말 해석과 같도록 알맞은 접속사를 [보기]에서 골라 빈칸에 쓰세요.

[보기]   **and   but   or   so**

01 Would you like some coffee _____or_____ tea?

커피를 드시겠어요, 차를 드시겠어요?

02 It didn't rain yesterday, _____ we stayed home.

어제는 비가 오지 않았지만, 우리는 집에 머물렀다.

03 I want to exercise, _____ I'm too tired.
          운동하다
나는 운동하고 싶지만, 너무 피곤하다.

04 Mike is studying math _____ science.
                                                          과학
Mike는 수학과 과학을 공부하고 있어.

05 Chris woke up late, _____ he missed the bus.
<u>놓치다</u>

Chris는 늦게 일어나서 버스를 놓쳤다.

06 Do you prefer summer _____ winter?
<u>~을 더 좋아하다</u>
당신은 여름을 더 좋아하세요. 아니면 겨울을 더 좋아하세요?

07 I had eggs _____ bacon for breakfast.
<u>베이컨</u>

나는 아침으로 계란과 베이컨을 먹었다.

08 Amy went shopping, _____ she bought a T-shirt.

Amy는 쇼핑을 갔고, 그녀는 티셔츠 하나를 샀다.

09 I can't play the guitar, _____ I can play the piano.

나는 기타를 못 치지만, 피아노는 칠 수 있다.

10 I am Susan, _____ this is my brother, Tommy.

나는 Susan이고 이 사람은 내 남동생 Tommy이다.

11 I feel good _____ tired. 나는 기분이 좋지만 지쳤다.

12 She is going to buy an eraser _____ a pencil.

그녀는 지우개 하나와 연필 하나를 살 것이다.

13 He is sleepy, _____ he is going to bed now.
<u>졸린</u>
그는 졸려서, 지금 자러 갈 것이다.

Step 2 괄호 안의 단어 중 맞는 것에 ○표 하세요.

01 Please clean your desk (so / (and)) the floor.

02 I can't cook, (but / or) I can do the dishes.

03 He is busy, (but / so) he cannot come to the party.

04 She is very pretty (and / so) kind.

05 There are some bread (but / and) oranges on the table.

06 I ate lunch, (but / so) I am still hungry.
<u>여전히</u>

07 It rained outside, (or / so) I took an umbrella.

08 Did you go swimming (or / but) fishing with your father?

09 I have an exam, (so / but) I have to study.

Step 3 우리말 해석과 같도록 괄호 안의 말을 이용하여 문장을 완성하세요.

01 나는 우유와 빵을 원해요. (want, milk, bread)

⇨ <u>I want milk and bread.</u>

02 너 겨울이 좋니, 여름이 좋니? (winter, summer)

⇨ _____

03 나는 축구가 하고 싶지만 바쁘다. (want to play soccer, busy)

⇨ _____

04 나는 배고파서 빵을 먹을 거다. (hungry, eat, bread)

⇨ _____

05 Jack은 우유를 마시고, 그는 잠을 자러갔다. (drink milk, go to bed)

⇨ _____

06 그녀는 어리지만 키가 크다. (young, tall)

⇨ _____

중학교 내신 시험에 꼭 나오는 문법 요점 정리 | 접착제 역할을 하는 접속사

• (① _____): 단어 · 문장을 이어주는 접착제 역할의 단어
• 자주 쓰이는 접속사

접속사	의미	기능
(②)	~와, 그리고	서로 대등한 내용을 연결
but	그러나, ~이지만	(③)되는 내용을 연결
(④)	또는, ~ 아니면	둘 중 하나를 선택할 때
(⑤)	그래서, 그러므로	어떤 일의 결과를 말할 때

정답 ① 접속사 ② and ③ 반대 ④ or ⑤ so

UNIT 11 / 접착제 역할을 하는 접속사 **53**

UNIT 12
시간의 전치사

공부한 날 :　　　　복습한 날 :　　　　부모님 확인 :

시간의 전치사는 시간을 나타내는 명사 앞에 놓여 '~에, ~까지, ~ 전에, ~ 후에'의 뜻을 나타내요. 우리말은 '5시에 만나자.', '우리 화요일에 만날까?'로 똑같이 '에'를 쓰지만 영어에서는 뒤에 오는 명사에 따라 다른 전치사를 써준답니다. 대표적인 시간의 전치사들을 알아볼까요?

❶ at + 정확한 시간, 한 시점, 시각이나 때처럼 비교적 짧은 시간

I was born at 12 p.m.
나는 오후 12시에 태어났어.

I was born at noon.
나는 정오에 태어났어.

❷ on + 특정일, 요일

I was born on Tuesday.
나는 화요일에 태어났어.

I was born on Christmas Day.
나는 크리스마스에 태어났어.

I was born on December 25th.
나는 12월 25일에 태어났어.

이 밖에도 on my birthday, on Saturday morning과 같이 특정일과 특정한 날의 아침 · 점심 · 저녁 앞에 on을 써요.

❸ in + 비교적 긴 시간, 아침, 오후, 저녁, 계절, 월, 년

I was born in winter. 나는 겨울에 태어났어.

I was born in 2001. 나는 2001년에 태어났어.

I was born in December. 나는 12월에 태어났어.

I was born in the afternoon[morning].
나는 오후에[아침에] 태어났어.

뒤에 오는 명사만 파악하면 되니까 어렵지 않죠? 이제는 헷갈리기 쉬운 시간의 전치사에 대해서 알아봐요.

❹ until ~까지(동작의 계속), by ~까지(동작의 완료)

I did my homework until 8 o'clock.
나는 8시까지 (계속) 숙제를 했어.

I have to finish my homework by 8 o'clock.
나는 8시까지 숙제를 끝내야 해.

❺ for ~ 동안(숫자 앞), during ~ 동안(특정 기간 앞)

I stayed with my grandparents for one month.
나는 한 달 동안 조부모님과 같이 지냈어.

I stayed with my grandparents during the summer.
나는 여름 동안 조부모님과 같이 지냈어.

| 기타 시간의 전치사 | **before** ~ 전에   **after** ~ 후에   **from** ~부터   **since** ~ 이래로 |

연습문제
문제를 풀고 녹음 파일을 따라 읽고 연습하세요. 🎧 MP3 4권 본문 UNIT 12
정답 및 해석 p. 103

초777_4_p12

Step 1   괄호 안에서 알맞은 단어에 ○표 하세요.

01   I was born ((in) / on / at) 2001.
     be born 태어나다

02   I usually read books (in / on / at) the morning.

03   I had fun (in / on / at) my birthday.
     have fun 재미있게 놀다

04   Schools start (in / on / at) March.

05 It snowed (in / on / at) Christmas Day.

06 We have lunch (in / on / at) noon.
정오

07 We usually go skiing (in / on / at) winter.
스키 타러 가다

08 The movie starts (in / on / at) 7:30 p.m.

09 Let's go shopping (in / on / at) Saturday.

10 The TV show ends (in / on / at) April 3rd.
끝나다

Step 2 괄호 안에서 알맞은 단어에 ○표 하세요.

01 I slept (until / for) 10 a.m. today.

02 I swam (for / during) an hour.
swim 수영하다

03 I watched TV (by / for) 40 minutes.

04 The class will be done (by / during) 5 p.m.
끝나다

05 We went hiking (for / during) the vacation.

06 They danced together (until / for) midnight.
자정

07 We are going on a trip (for / during) four days.
go on a trip 여행가다

08 I learned skateboarding (for / during) the winter vacation.

09 You have to arrive at the airport (until / by) 9 a.m.

10 Please return the book (until / by) Tuesday.
돌려주다

Step 3 우리말 해석과 같도록 빈칸을 채우세요.

01 나는 목요일에 그를 만날 것이다.

⇨ I will meet him ___on Thursday___.

02 나는 오후 8시에 피아노 레슨이 있다.

⇨ I have a piano lesson _____ p.m.

03 나는 내 생일에 파리에 갈 것이다.

⇨ I will go to Paris _____.

04 나는 2004년에 태어났다.

⇨ I was born _____.

05 오후 5시까지 숙제를 끝내렴.

⇨ Finish your homework _____ p.m.

중학교 내신 시험에 꼭 나오는 문법 요점 정리 | 시간의 전치사

- 시간의 전치사: 시간을 나타내는 명사 앞에 놓여 '～에, ～까지, ～ 전에, ～ 후에'의 뜻을 나타냄.
- 시간의 전치사의 종류

시간의 전치사	의미
(①)	～에(정확한 시간, 비교적 짧은 시간)
on	～에(특정일, 요일)
(②)	～에(비교적 긴 시간)
(③)	～까지(동작의 계속)
(④)	～까지(동작의 완료)
for	～ 동안(숫자 앞)
during	～ 동안(특정 기간 앞)
before	～ 전에
after	～ 후에
(⑤)	～부터
since	～ 이래로

UNIT 13
장소의 전치사

공부한 날 :   복습한 날 :   부모님 확인 :

장소의 전치사는 장소를 나타내는
명사 앞에 놓여 '~ 안에, ~ 위에,
~에' 등을 나타내는 말이에요.
가장 많이 쓰이는
장소의 전치사부터 알아볼까요?

in	on
비교적 넓은 지역, 제한된 범위 내	어떤 물체의 표면 위
The desk is in the room. 그 책상은 방 안에 있다.	**The fly is on the wall.** 파리가 벽에 붙어 있다.
in the room 방 안에 in Japan 일본에 in Seoul 서울에	on the table 탁자에 on the beach 해변에 on the floor 바닥에

다음 그림을 보면서 다양한 장소의 전치사를
연습해 봐요.

The students are in the classroom. 학생들이 교실에 있어요.	~ 안에(내부의)
There are textbooks on the desks. 책상들 위에 교과서가 있어요.	~ 위에(접촉해서)

58 초등영문법 777 / 4권

John is at **home.** John은 집에 있어요.	~에(비교적 좁은 지역)
The teacher is in front of **the students.** 선생님은 학생들 앞에 있어요.	~ 앞에
The blackboard is behind **the teacher.** 칠판은 선생님 뒤에 있어요.	~ 뒤에
The calendar is under **the blackboard.** 달력이 칠판 아래에 있어요.	~ 아래
The clock is over **the blackboard.** 시계가 칠판 위에 있어요.	~ 위에(떨어져서)
Jane is between **Mike and Susan.** Jane은 Mike와 Susan 사이에 있어요.	~ 사이에
Mike is next to **Jane.** Mike는 Jane 옆에 있어요.	~ 옆에

연습문제
문제를 풀고 녹음 파일을 따라 읽고 연습하세요. 🎧 MP3 4권 본문 UNIT 13
정답 및 해석 p. 103

초777_4_p13

Step 1 우리말 해석과 같도록 괄호 안에서 알맞은 단어에 ○표 하세요.

01 The vase is (in / (on)) the table. 꽃병이 탁자 위에 있다.

02 My uncle lives (in / on) Paris. 내 삼촌은 파리에 사신다.

03 Let's meet (behind / at) the library. 도서관에서 만나자.

04 There are clouds (in / next to) the sky. 하늘에 구름이 있다.

05 The concert is (over / at) the music hall. 콘서트는 음악당에서 한다.
음악회   음악당

06 I will wait (at / on) the bus stop. 버스 정류장에서 기다릴게.

07 The table is (at / on) the floor. 탁자가 바닥에 있다.

08 The book is (in / on) the bag. 책이 가방 안에 있다.

09 The bees are flying (over / in front of) the flowers. 벌들이 꽃들 위로 날아다닌다.
벌

10 The butterfly is sitting (on / under) a flower. 나비가 꽃 위에 앉아 있다.
나비

11 It's a country (in / between) Africa. 그것은 아프리카에 있는 나라이다.
나라, 국가

12 The post office is (at / behind) the building. 우체국은 그 건물 뒤에 있다.

13 I saw a picture (over / on) the wall. 난 벽에 걸린 그림을 봤다.

14 The book is (over / under) the table. 그 책은 탁자 아래에 있다.

Step 2   우리말 해석과 같도록 빈칸에 알맞은 말을 쓰세요.

01 I left my homework _____at_____ home. 난 숙제를 집에 두고 왔어.

02 There are five students _____ the classroom. 교실에 다섯 명의 학생들이 있다.

03 John is hiding _____ the desk. John이 책상 아래 숨어 있다.
<u>hide</u> 숨다

04 Brian lives _____ Busan. Brian은 부산에 산다.

05 The bird is flying _____ my head. 새가 내 머리 위로 날고 있다.

06 The <u>garden</u> is _____ the house. 정원은 집 앞에 있다.
정원

07 The library is _____ the <u>cafeteria</u>. 도서관은 구내식당 옆에 있다.
구내식당

08 The <u>fire station</u> is _____ the restaurant. 소방서는 식당 뒤에 있다.
소방서

09 The <u>convenience store</u> is _____ the <u>gym</u> and the library.
편의점   체육관
편의점은 체육관과 도서관 사이에 있다.

10 The car stopped _____ me <u>suddenly</u>. 차가 내 앞에서 갑자기 멈췄다.
갑자기

11 A girl is standing _____ Janice. Janice 뒤에 한 소녀가 서 있다.

12 We sat _____ <u>each other</u>. 우리는 서로 옆에 앉았다.
서로

13 Q comes _____ P and R. Q는 P와 R 사이에 온다.

14 Did you find it _____ the bed? 넌 그것을 침대 아래에서 찾았니?

Step 3   그림을 보고 괄호 안의 단어를 활용하여 빈칸에 알맞은 말을 쓰세요.

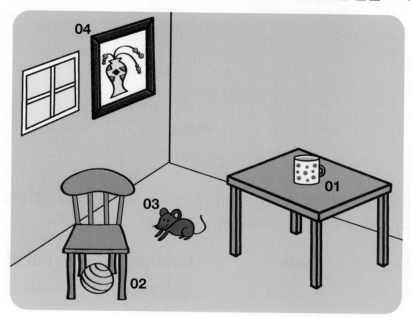

01   There is a cup _____on the table_____. (the table)

02   The ball is _____. (the chair)

03   There is a mouse _____. (the room)
생쥐

04   A picture is hanging _____. (the wall)
걸다, 매달다

중학교 내신 시험에 꼭 나오는 문법 요점 정리 | 장소의 전치사

- 장소의 전치사: 장소를 나타내는 명사 앞에 놓여 '~ 안에, ~ 위에, ~에' 등의 의미를 나타냄.
- 장소의 전치사의 종류

장소의 전치사	의미
in	~ 안에(비교적 넓은 지역, 제한된 범위 내)
(①)	~ 위에(어떤 물체의 표면 위)
(②)	~에(비교적 좁은 지역)
(③)	~ 앞에
behind	~ 뒤에
under	~ 아래
(④)	~ 위에(떨어져서)
between	~ 사이에
(⑤)	~ 옆에

① on ② at ③ in front of ④ over ⑤ next to

UNIT 14
방향의 전치사

공부한 날 :   복습한 날 :   부모님 확인 :

우리말에 '∼ 위로, ∼ 아래로, ∼ 밖으로, ∼ 안으로'와 같이 방향을 나타내는 표현이 있죠? 영어에도 방향을 나타내는 방향의 전치사가 있어요. 다음 표를 일단 먼저 볼까요?

up	down	into	through	out of
∼ 위로	∼ 아래로	∼ 안으로	∼을 통과해서	∼ 밖으로

이번에는 그림을 보면서 방향의 전치사의 쓰임을 다시 한번 확인해 보아요.

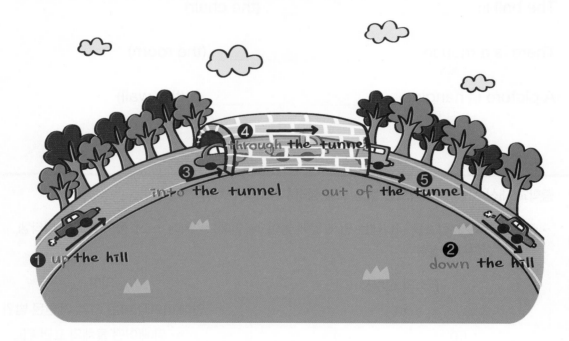

❶ **The car is going <u>up</u> the hill.** 차가 언덕 위로 가고 있다.
   <small>∼ 위로</small>
❷ **The car is going <u>down</u> the hill.** 차가 언덕 아래로 가고 있다.
   <small>∼ 아래로</small>
❸ **The car is going <u>into</u> the tunnel.** 차가 터널 안으로 가고 있다.
   <small>∼ 안으로</small>
❹ **The car is going <u>through</u> the tunnel.** 차가 터널을 통과해서 가고 있다.
   <small>∼을 통과해서</small>
❺ **The car is getting <u>out of</u> the tunnel.** 차가 터널 밖으로 나오고 있다.
   <small>∼ 밖으로</small>

기타 방향 전치사 to (~로, ~에), from (~로 부터), along (~을 따라)

The man is jogging along the river. 남자는 강을 따라 조깅하고 있다.

❶ **The girl walked to the park.** 소녀는 공원으로 걸었다.

❷ **The boy came from the park.** 소년은 공원으로부터 왔다.

연습문제 | 문제를 풀고 녹음 파일을 따라 읽고 연습하세요. 🎧 **MP3** 4권 본문 UNIT 14
정답 및 해석 p. 103

초777_4_p14

Step 1 그림을 보고, 빈칸에 들어갈 알맞은 말을 [보기]에서 골라 쓰세요.

> [보기]   **up**   **down**   **into**   **along**   **out of**

01

The girl is getting _out of_ the car.

02

The woman walked _____ the road.
길

03

They are going _____ the mountain.

04

We walked _____ the market.

05

Students are walking _____ the stairs.
계단

06

Dolphins are jumping _____ the water.
돌고래

Step 2 그림을 보고, 괄호 안에서 알맞은 것에 ○표 하세요.

01

She is walking (into / out of) her house.

02

A famous movie star came (into / out of) the car.
유명한

03

The monkey is climbing (up / down) a tree.
오르다, 올라가다

04

The boy rode his bike (up / down) the hill.
ride 타다   언덕

05

She is walking (to / through) the park.

06

He is going (from / to) Seoul (from / to) Tokyo by airplane.

Step 3 우리말 해석과 같도록 빈칸에 알맞은 전치사를 쓰세요.

01 I ran _____*along*_____ the road. 나는 길을 따라 달려갔다.

02 The bird flew _____ the nest. 새가 둥지로 날아갔다.
둥지

03 We drove _____ the town. 우리는 그 마을을 통과하여 운전했다.

04 She came _____ a mountain. 그녀는 산 아래로 내려갔다.

05 The Han river flows _____ Seoul. 한강은 서울을 통과하여 흐른다.
흐르다

06 He put the money _____ the pocket. 그는 돈을 주머니 안으로 넣었다.
주머니

07 They drove _____ the hill. 그들은 언덕 위로 운전했다.

08 I moved _____ Seoul _____ Busan. 나는 서울로부터 부산으로 이사했다.

09 We walked _____ the beach. 우리는 해변을 따라 걸었다.
해변

10 People ran _____ the building. 사람들이 그 건물 밖으로 달려 나갔다.
사람들

중학교 내신 시험에 꼭 나오는 문법 요점 정리 | 방향의 전치사

• 주요 방향의 전치사

(①)	~ 위로	(④)	~ 밖으로
(②)	~ 아래로	(⑤)	~을 통과해서
(③)	~ 안으로		

• 기타 방향의 전치사

(⑥)	~로, ~에	(⑦)	~로 부터	(⑧)	~을 따라

UNIT 15
There is ... / There are ...

공부한 날 :   복습한 날 :   부모님 확인 :

'~이 있다'라고 말하고 싶을 때는 'There is ... / There are ...' 구문을 사용하면 돼요. 주의할 점은 be동사 뒤에 단수명사가 올 때는 'is'를, 복수명사가 올 때는 'are'를 쓰는 거에요. 원래 There는 '거기에'라는 뜻이지만 이 구문에서는 뜻이 없어진답니다.

하나!
There is a desk in the room.

방 안에 책상이 하나 있어요.

여러개!
There are two books on the desk.

책상 위에 책이 두 권 있어요.

'(과거에) ~이 있었다'라고 얘기할 땐 is와 are를 과거형 was와 were로 바꿔 주면 되겠죠?

하나!
There was a class in the morning.

아침에   수업이   하나 있었어요.

여러명!
There were five students in the class.

수업에 5명의 학생이 있었어요.

그럼, '~이 없다'라고 말하고 싶을 땐 어떻게 할까요? 바로 be동사 뒤에 not만 붙여 주면 끝이에요.

There is not a desk in the room. 방 안에 책상이 없어요.

There are not (any) books on the desk. 책상 위에 아무 책도 없어요.

부정문에서는 종종 위의 문장처럼 any를 써 주기도 해요. not ~ any는 '하나도 없다, 조금도 없다'라는 의미랍니다.

'~이 있니?'라고 질문을 하고 싶을 때는 간단하게 there와 be동사의 순서를 바꿔 주면 됩니다.

There is a book on the desk. 책상 위에 책이 한 권 있어.

Is there a book on the desk? 책상 위에 책이 한 권 있니?

질문에 대한 대답은 Yes, there is.(네, 있어요.) 또는 No, there isn't.(아니요, 없어요.)로 합니다.

잠깐! 셀 수 없는 명사는 양이 아무리 많아도 단수로 취급한다는 것, 잊지 마세요.

예) **There is milk in the refrigerator.** 냉장고에 우유가 있다.

연습문제 | 문제를 풀고 녹음 파일을 따라 읽고 연습하세요. 🎧 MP3 4권 본문 UNIT 15
정답 및 해석 p. 103

초777_4_p15

Step 1 'is'와 'are' 중 알맞은 단어를 빈칸에 쓰세요.

01 There _____is_____ a pencil in my backpack.
배낭

02 There _____ five people on the stage.
무대

03 There _____ a dog at Jimmy's house.

04 There _____ not any parks near my house.
~ 근처에

05 There _____ some apples in the basket.

06 There _____ two computers in my classroom.

07 There _____ an ant on my arm.

08 There _____ a bird on the tree.

09 There _____ juice in the bottle.

10 There _____ three pillows on the bed.
베개

11 There _____ bread on the table.

12 There _____ flour for baking.
밀가루

Step 2 우리말 해석과 같도록 빈칸에 알맞은 말을 쓰세요.

01 냉장고에 달걀이 세 개 있어.

⇨ There _____*are*_____ three eggs in the refrigerator.

02 일주일에는 7일이 있어.

⇨ _____ _____ seven days in a week.

03 냄비에 감자가 4개 있어.

⇨ _____ _____ four potatoes in the pot.
냄비

04 뒷마당에 나무가 하나 있었어.

⇨ There _____ _____ tree in the backyard.
뒷마당

05 저번 주에 시험이 두 개 있었어.

⇨ _____ _____ _____ tests last week.

06 접시 위에 치즈가 좀 있니?

⇨ _____ _____ some cheese on the plate?
접시

07 이 근처에 지하철역이 있니?

⇨ _____ _____ a subway station near here?
지하철역

08 그 방 안에 고양이들이 있니?

⇨ _____ _____ any cats in the room?

Step 3 밑줄 친 부분을 바르게 고쳐 문장을 다시 쓰세요.

01 There is seven chocolate bars.　⇨ *There are seven chocolate bars.*

02 There are a cookie in the bottle.　⇨ _____

03 There were a bookstore here last year.　⇨ _____

04 Is there any onions?　⇨ _____
양파

05 Are there a pencil on the desk?　⇨ _____

06 There are three books in the bag yesterday. ⇨ _____

07 There is not any books on my desk. ⇨ _____

08 Are there an eraser? ⇨ _____

Step 4 주어진 단어를 배열하여 문장을 완성하세요.

01 was / cup / milk / a / on / desk / of / the

⇨ There was a cup of milk on the desk .

02 there / doughnuts / the / box / in
  도넛

⇨ Are _____ ?

03 cap / is / a

⇨ There _____ .

04 were / cookies / jar / the / in
  단지, 병

⇨ There _____ .

05 there / dish / the shelf / a / on

⇨ Is _____ ?

06 vegetables / many / are
  채소

⇨ There _____ .

중학교 내신 시험에 꼭 나오는 문법 요점 정리 | There is … / There are …

• '~이 있다': (①   ) + be동사
• be동사의 형태: 과거냐 현재냐, 뒤에 오는 명사가 복수냐 단수냐에 따라 형태가 달라짐

	+ 단수명사	+ 복수명사
There + be동사 현재형	There (②)	There (③)
There + be동사 과거형	There (④)	There (⑤)

• 의문문: there와 be동사의 자리를 바꾼 「be동사 + there ~?」의 형태

① There ② is ③ are ④ was ⑤ were

UNIT 11~15
진단평가 및 교내평가 대비 실전테스트

공부한 날 :　　　　복습한 날 :　　　　부모님 확인 :

UNIT 11 접착제 역할을 하는 접속사　UNIT 12 시간의 전치사　UNIT 13 장소의 전치사　UNIT 14 방향의 전치사　UNIT 15 There is … / There are …

01
다음 빈칸에 들어갈 접속사를 쓰세요.

Jenny was thirsty, (so, or) she drank water.

02
밑줄 친 부분이 틀린 문장을 고르세요.

① There are many books <u>on</u> the desk.
② She had a party <u>on</u> July 15th.
③ I stay in New York <u>in</u> summer.
④ I had lunch <u>on</u> 1 p.m.

03
빈칸에 들어갈 단어가 <u>다른</u> 하나를 고르세요.

① My father always reads a newspaper _____ the morning.
② There are some students _____ the classroom.
③ I stayed _____ home yesterday.
④ You were born _____ 2002.

[04~06] [보기]에서 알맞은 접속사를 골라 두 문장을 한 문장으로 연결하세요.

[보기]　but　or　so

04

- I have a test tomorrow.
- I am studying hard.

⇨ _____

05

- I don't know Julia.
- I know her brother.

⇨ _____

06

- You can watch the movie.
- You can play the video game.

⇨ _____

[07~09] 다음 그림을 보고, 빈칸에 들어갈 적절한 전치사를 고르세요.

07

[on, over]

There are cars _____ the bridge.

08

[under, over]

The plane is flying _____ the bridge.

09

[through, up]

The ship is passing _____ the bridge.

10

밑줄 친 전치사의 쓰임이 <u>어색한</u> 것을 고르세요.

① I have to return this book <u>by</u> tomorrow.
② She worked <u>at</u> the bank.
③ I was in Busan <u>during</u> two days.
④ She waited for me <u>until</u> noon.

[11~12] 다음 대화를 읽고, 물음에 답하세요.

A: <u>There are beautiful birds on the tree!</u>
B: Yes. The birds stay ①in Korea ②during the summer and go ③to China ④on winter.
A: Wow, you know about birds very well.
B: I read many books about birds.

11

대화의 ①~④ 중 <u>어색한</u> 것을 고르세요.

①   ②   ③   ④

12

대화에서 밑줄 친 문장을 의문문으로 고치세요.

⇨ _____

[13~14] 그림을 <u>잘못</u> 묘사한 문장을 고르세요.

13

① There are two people in the picture.
② The boy is sitting on the bench.
③ The girl is standing next to the boy.
④ The dog is sleeping on the tree.

14

① There is a man in the picture.
② The dog is walking along the street.
③ The hospital is behind the school.
④ The bakery is next to the post office.

15

다음 중 밑줄 친 부분이 문법에 맞는 문장을 고르세요.

① Are there sugar on the shelf?
② There <u>was</u> a story about the ghost.
③ There <u>were</u> a lot of bread on the table.
④ There <u>is</u> not many people in the park.

[16~17] 다음 대화를 읽고, 물음에 답하세요.

A: Is there a library near here?
B: Yes, it is in front of our school.
A: What time does it close?
B: It closes _____ ㉠ _____ 6 p.m. in winter.
A: _____ ㉡ _____
B: Yes, there are.

16

㉠에 들어갈 알맞은 단어를 고르세요.

① at　　② in　　③ on　　④ by

17

㉡에 들어갈 알맞은 문장을 고르세요.

① Is there a bus stop near the library?
② Is it nice?
③ Are there many children's books?
④ Are you going there?

18

밑줄 친 접속사의 쓰임이 <u>어색한</u> 것을 고르세요.

① Do you want some milk <u>or</u> juice?
② He studied hard, <u>but</u> he got poor score.
③ She was very tired, <u>so</u> she went to bed early.
④ I need a pen <u>but</u> an eraser.

19

다음 그림을 보고, 빈칸에 알맞은 전치사를 쓰세요.

He studied _____ four hours.

[20~21] 밑줄 친 부분을 바르게 고쳐 문장을 다시 쓰세요.

20

<u>Are</u> there milk in the refrigerator?

⇨ _____

21

I was born <u>in</u> Sunday.

⇨ _____

[22~24] 다음 그림을 보고, 괄호 안에서 알맞은 전치사에 ○표 하세요.

22

A rabbit is jumping (down, out of) the bag.

23

A girl is walking (along, under) the beach.

24

A snake is climbing (up, out of) the tree.

[25~27] 빈칸에 들어갈 알맞은 전치사를 골라, 문장을 다시 쓰세요.

25

You have to brush your teeth _____ dinner.   (until / after)

⇨ _____

(너는 저녁 식사 후에 이를 닦아야 한다.)

26

You have to come home _____ 10 o'clock.   (until / by)

⇨ _____

(너는 10시까지 집으로 돌아와야 한다.)

27

We could not see her _____ three months.   (for / during)

⇨ _____

(우리는 3개월 동안 그녀를 보지 못했다.)

[28~30] 우리말 해석과 같도록 괄호 안의 단어를 이용하여 문장을 완성하세요.

28

교실 안에 많은 학생들이 있다.
(the classroom, students)

⇨ _____

29

벽에 시계가 하나 있다.
(a clock, the wall)

⇨ _____

30

그는 창문을 통해 방 안으로 들어왔다.
(came into, the room, the window)

⇨ _____

UNIT 01~15 총괄평가 1회

공부한 날 :   복습한 날 :   부모님 확인 :

[01-04]

다음 질문에 대한 답으로 가장 적절한 것을 고르세요.

01

| Could you clean your room? |

① Yes, I did.
② Of course.
③ No, thank you.
④ No, you may not.

02

| Will you play the piano? |

① Yes, you will.
② I'm a pianist.
③ I bought this piano yesterday.
④ Sorry, but I can't play the piano.

03

| What shall we eat? |

① Yes, please.
② No, thank you.
③ Let's have some pizza.
④ Thank you so much.

04

| Shall I call you tomorrow? |

① Yes, please.
② No, let's not.
③ I called you yesterday.
④ When shall we meet?

[05-06]

빈칸에 들어갈 가장 알맞은 말을 고르세요.

05

A: _____ I use your cell phone?
B: Sure.

① Could   ② Must
③ Would   ④ May

06

A: _____ shall we have dinner?
B: At the Jacky's Chinese Restaurant.

① When   ② How
③ Where   ④ What

[07-08]

다음 그림의 말풍선에 들어갈 말로 어울리는 문장이면 T, 아니면 F를 쓰세요.

07

M: Would you turn down the volume?

(   )

08

W: I'm sorry. I'll turn on the TV.

(   )

[09-10]

다음 그림의 상황에 맞도록 대화의 빈칸에 들어갈 가장 알맞은 말을 고르세요.

09

W: _____ I use your laptop?
M: Sure.

① How many   ② Do

③ May   ④ How much

10

M: _____ is this doll?
W: It's 20 dollars.

① How many   ② How old

③ How much   ④ How tall

[11-15]

괄호 안에서 알맞은 말에 ○표 하세요.

11

I need (a few / a little) sugar.

12

She bought (a few / a little) oranges.

13

Susan doesn't drink (many / much) juice.

14

A: How (tall / old) is Brian?
B: He is 190cm.

15

A: How (big / far) is it to school?
B: It is 5km away from here.

16

자연스러운 대화가 되도록 바르게 배열한 것을 고르세요.

(A) Yes, please. How much is this notebook?
(B) It is five dollars.
(C) Do you need any help?
(D) OK. I'll buy one.

① (C)–(D)–(A)–(B)　　② (C)–(A)–(B)–(D)
③ (A)–(B)–(C)–(D)　　④ (A)–(B)–(D)–(C)

17

다음 빈칸 (A)와 (B)에 들어갈 단어가 바르게 짝 지어진 것을 고르세요.

A: _____(A)_____ pairs of shoes do you have?
B: I have more than 10.
A: Which ones do you like the most?
B: These red shoes.
A: They're beautiful. _____(B)_____ were they?
B: They were 30 dollars.

	(A)	(B)
①	How many	How old
②	How much	How tall
③	How many	How much
④	How much	How many

18

빈칸에 들어갈 단어로 적절하지 <u>않은</u> 것을 고르세요.

A: Where is the bank?
B: It's _____ the hospital.

① next to　　　　② behind
③ in front of　　④ to

[19-20]
빈칸에 들어갈 가장 적절한 전치사를 고르세요.

19

I was in New York _____ the winter vacation.

① up　　② during　　③ on　　④ at

20

I have to finish my homework _____ 10 o'clock.

① by　　② until　　③ on　　④ in

[21-22]
우리말 해석과 같도록 빈칸에 들어갈 알맞은 접속 사를 고르세요.

21

Do you like spring _____ fall?
너는 봄이 좋니, 가을이 좋니?

① and　　　　② or
③ so　　　　④ but

22

I want to buy a gift for Jenny,
_____ I don't have money.
나는 Jenny에게 선물을 사주고 싶지만, 돈이
없다.

① and   ② or
③ so   ④ but

[23-24]

다음 그림을 보고, 문장의 빈칸에 들어갈 알맞은 전
치사를 고르세요.

23

The teddy bear is _____ the
boxes.

① on   ② behind
③ between   ④ under

24

The teddy bear is _____ the box.

① in   ② on
③ over   ④ next to

25

다음 짝지어진 대화가 <u>어색한</u> 것을 고르세요.

① A: Could you pass me the napkin?
   B: Sure.
② A: Where is the bookstore?
   B: It's next to the post office.
③ A: Would you like some ice cream?
   B: Yes, please.
④ A: Can you show me the way to the
      station?
   B: Thank you so much.

26

주어진 문장의 밑줄 친 <u>at</u>과 쓰임이 <u>다른</u> 것을
고르세요.

I was born <u>at</u> 4:30 p.m.

① Let's meet <u>at</u> noon in front of the
   school.
② You can see the beautiful stars <u>at</u>
   night.
③ I will be <u>at</u> home all morning.
④ The airplane left <u>at</u> 2 o'clock.

27

다음 중 밑줄 친 부분이 <u>틀린</u> 것을 고르세요.

① You <u>must not</u> use your cell phone.
② Adam <u>have to</u> clean his room.
③ You <u>don't have to</u> buy this book.
④ Sandra <u>had to</u> wear her seat belt.

28

다음 문장을 부정문으로 바꿔 쓰세요.

> He had to see a doctor yesterday.

→ _____

[29-30]

다음 대화를 읽고, 물음에 답하세요.

> A: I will make some bread. Can you
>   get me ___ⓐ___ flour?
> B: Sure. Oh, no. We have ___ⓑ___
>   flour. I'll go to the market now.
>   ___ⓒ___ flour do you need?
> A: 1kg will be good.

29

빈칸 ⓐ와 ⓑ에 들어갈 말로 알맞은 것을 고르세요.

	ⓐ		ⓑ
①	some	—	little
②	some	—	few
③	any	—	few
④	any	—	a little

30

빈칸 ⓒ에 들어갈 말로 알맞은 것을 고르세요.

① What   ② How many
③ How much   ④ Which

31

다음 중 밑줄 친 단어를 any로 바꿔야 하는 문장을 고르세요.

① Emily ate some cheese.
② I don't have some friends.
③ Would you like some candies?
④ Can I get some water?

[32-33]

다음 문장의 밑줄 친 부분을 바르게 고치세요.

32

Her birthday is on May.

→ _____

33

I usually wake up in 8 a.m.

→ _____

[34-35]

다음 그림을 보고, 빈칸에 들어갈 가장 적절한 말을 고르세요.

34

The bear is going _____ the cave.

① into   ② out of
③ up   ④ from

35

The hunter is getting _____ from the tree.

① out of   ② down
③ to   ④ along

[36-37]

우리말 해석과 같도록 괄호 안의 말을 이용하여 문장을 완성하세요.

36

| 그녀는 그 책을 읽지 않아도 된다. |
| (read, the book) |

→ _____

37

| 이 건물은 얼마나 오래 되었나요? |
| (old, this building) |

→ _____

[38-40]

우리말 해석과 같은 뜻이 되도록 다음 빈칸에 알맞은 동사를 [보기]에서 골라 쓰세요.

| [보기]   was, were, are |

38

There _____ a snake in the jar yesterday.

(어제 항아리 안에 뱀 한 마리가 있었다.)

39

How many people _____ there in Korea?

(한국에는 얼마나 많은 사람들이 있습니까?)

40

There _____ some flowers in the garden.

(정원에는 약간의 꽃들이 있었다.)

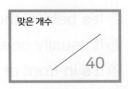

맞은 개수

/ 40

UNIT 01~15 총괄평가 2회

공부한 날 :   복습한 날 :   부모님 확인 :

01

빈칸에 들어갈 말로 알맞지 <u>않은</u> 것을 고르세요.

> Can you _____ this?

① move   ② draw
③ me   ④ eat

[02-04]

다음 질문에 대한 답으로 <u>어색한</u> 것을 고르세요.

02

> Would you wait for a minute?

① All right.   ② Of course.
③ Thanks a lot.   ④ Sure.

03

> Where is the toy store?

① It's next to the school.
② It's behind the hospital.
③ It usually opens at 11 a.m.
④ It's in front of the flower shop.

04

> How many cups do you have?

① I have a few cups.
② I have few cups.
③ I have five cups.
④ I have a little cups.

[05-06]

빈칸에 공통으로 들어갈 말을 고르세요.

05

> • Minsu ate _____ bread.
> • Jiyoung bought _____ candies.

① a lot of   ② many
③ few   ④ much

06

> • Sally isn't making _____ plans.
> • Do you need _____ help?

① some   ② any
③ much   ④ many

07

빈칸에 들어갈 가장 적절한 말을 고르세요.

> A: _____ shall we have dinner?
> B: Let's have dinner at 6 o'clock.

① When   ② How   ③ Where   ④ What

[08-09]

Chris의 방을 보고 엄마가 남긴 메모와 그림을 참고하여 물음에 답하세요.

Dear Chris,
Look at your room. Your pants are ____ⓐ____ the bed. And your sock is under the table. ____ⓑ____ you please clean your room?

With love,
Mom

08

빈칸 ⓐ에 들어갈 말로 알맞은 것을 고르세요.

① on
② under
③ in
④ at

09

빈칸 ⓑ에 들어갈 말로 가장 알맞은 것을 고르세요.

① Shall
② When
③ Did
④ Can

10

그림과 어울리는 대화가 되도록 괄호 안의 단어들을 배열하여 문장을 완성하세요.

M: (sugar / have / do / How / we / much)?
→ _____
W: There is little sugar.

[11-15]

빈칸에 들어갈 가장 적절한 말을 고르세요.

11

A: May I use the bathroom now?
B: Yes, you _____.

① do   ② must   ③ may   ④ should

12

A: Which one do you want, kiwi juice _____ orange juice?
B: I will have kiwi juice.

① and   ② or   ③ but   ④ so

13

Mike likes meat, _____ he doesn't like chicken.

① and ② or ③ but ④ so

14

Winter vacation starts _____ December.

① in ② for ③ at ④ on

15

A: Is it _____ to sit down?
B: No problem.

① okay ② problem
③ some ④ may

16

다음 대화에 이어질 말로 가장 자연스러운 것을 고르세요.

A: I'm so hungry.
B: Shall we order some pizza?
A: _____

① I'm not hungry.
② Cook for 10 minutes.
③ I'm full already.
④ Great idea.

[17-18]

다음 그림의 상황에 맞도록 대화의 빈칸에 들어갈 가장 알맞은 말을 고르세요.

17

M: _____ is Namdaemun?
W: It's over 600 years old.

① How tall ② How far
③ How old ④ How big

18

M: Where is Nami?
W: She is sitting _____ Jina.

① next to ② behind
③ in front of ④ between

[19-20]

다음 대화를 읽고, 물음에 답하세요.

A: _____ ⓐ _____
B: How many?
A: There are ten. ____ⓑ____ you like to play soccer tomorrow?
B: That sounds great!

19

빈칸 ⓐ에 들어갈 말로 가장 알맞은 것을 고르세요.

① There are much balls in the gym.

② There are many balls in the gym.

③ There is many balls in the gym.

④ How many balls are there?

20

빈칸 ⓑ에 들어갈 조동사로 가장 적절한 것을 고르세요.

① Can   ② Shall

③ Must   ④ Would

21

다음 중 어색한 문장을 고르세요.

① How far is the bank?

② How many pencils do you need?

③ How cars many do you have?

④ How much is it?

22

다음 그림을 보고, 일치하지 않는 문장을 고르세요.

① Birds are on the tree.

② There is a tree in the picture.

③ There are two people in the picture.

④ They are standing in front of the tree.

23

주어진 문장의 밑줄 친 in과 쓰임이 다른 것을 고르세요.

> The kids are playing in the street.

① I live in Gwangju.

② It is a country in Asia.

③ Let's meet in the morning.

④ There is a table in the living room.

24

다음 짝지어진 대화가 어색한 것을 고르세요.

① A: How much is this balloon?
　 B: It's six dollars.

② A: When were you born?
　 B: I was born in Seoul.

③ A: Mom, is it okay to watch TV?
　 B: Go ahead.

④ A: How old is your dog?
　 B: She is two years old.

25

다음 중 밑줄 친 부분이 틀린 것을 고르세요.

① She has few soap.

② I wrote some letters.

③ We spent little time together.

④ Mandy didn't know any Korean words.

[26-28]

우리말 해석과 같도록 빈칸에 들어갈 알맞은 말을 고르세요.

26

I was sick, _____ I went to see a doctor.
나는 아파서 의사에게 진찰을 받으러 갔다.

① and   ② or   ③ so   ④ but

27

I'm thirsty. May I drink _____ water?
전 목이 말라요. 제가 물을 좀 마셔도 될까요?

① some   ② any   ③ little   ④ few

28

There is _____ milk in the cup.
컵에는 약간의 우유가 있어요.

① little   ② a little   ③ few   ④ a few

[29-30]

다음 그림을 보고, 빈칸에 들어갈 알맞은 말을 [보기]에서 골라 쓰세요.

[보기]   out of, into, down, up

29

They are going _____ the gift shop.

30

They are running _____ the stairs.

[31-34]

다음 주어진 단어들을 알맞게 배열하여 문장을 완성하세요.

31

(Shall / play / I / the guitar)?

→ _____

32

(have to / You / a / of / cookies / lot / make).

→ _____

33

(I / May / this / eat / banana)?

→ _____

34

(must / Kevin / not / the classroom / leave).

→ _____

35

다음 문장을 과거시제로 고쳐 쓰세요.

Suji must finish her homework.

→ _____

[36-37]

다음 대화를 읽고, 물음에 답하세요.

A: What will you do ____ⓐ____ Sunday?
B: I will go ____ⓑ____ the zoo.
A: Wow, it will be fun!
B: What will you do on the weekend?
A: I will climb ____ⓒ____ the mountain with my father.

36

빈칸 ⓐ와 ⓑ에 들어갈 말로 알맞은 것을 고르세요.

	ⓐ		ⓑ
①	on	–	from
②	on	–	to
③	in	–	from
④	in	–	to

37

빈칸 ⓒ에 들어갈 말로 알맞은 것을 고르세요.

① into   ② along   ③ from   ④ up

38

다음 주어진 단어들을 알맞게 배열하세요.

(you / Do / brothers / many / have)?

→ _____

[39-40]

다음 대화를 읽고, 물음에 답하세요.

A: How ____ⓐ____ money do you need?
B: I need three dollars. Can you *lend me some money?
A: _____ⓑ_____

* lend: 빌려주다

39

빈칸 ⓐ에 들어갈 알맞은 단어를 고르세요.

① a lot of   ② much   ③ far   ④ many

40

빈칸 ⓑ에 들어가기에 어색한 것을 고르세요.

① Sure.
② No problem.
③ Thank you.
④ Yes. Here is five dollars.

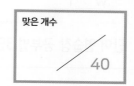

맞은 개수
/ 40

UNIT 01 🎧 MP3 4권 단어 UNIT 01

학습한 날 :

초777_4_w1

단어 연습장 공부법 1단계 | 들려주는 단어를 잘 듣고, 옆의 빈칸에 세 번씩 써 보세요.

Step 1	01 **bring** [briŋ]	가지고 오다	bring
	02 **for a minute** [fər ə mínit]	잠시 동안	
Step 2	03 **wait** [weit]	기다리다	
	04 **watch** [wɑtʃ]	지켜보다	
Step 3	05 **pass** [pæs]	건네주다	
	06 **ball** [bɔːl]	공	
	07 **lend** [lend]	빌려주다	
Step 4	08 **mall** [mɔːl]	상가, 상점	
	09 **fix** [fiks]	고치다	

단어 연습장 공부법 2단계 | 진단평가, 수행평가 대비에 꼭 필요한 단어 복습 빈칸 넣기 문제입니다.

01 __rin__	가지고 오다	04 __atc__	지켜보다	07 l__n_	빌려주다
02 for a mi__ute	잠시 동안	05 __as__	건네주다	08 __al_	상가, 상점
03 w__i__	기다리다	06 __all	공	09 __ix	고치다

단어 연습장 공부법 3단계 | 단어를 다시 들으면서 큰 소리로 따라 읽어보세요.

UNIT 02 🎧 MP3 4권 단어 UNIT 02

학습한 날 :

초777_4_w2

단어 연습장 공부법 1단계 | 들려주는 단어를 잘 듣고, 옆의 빈칸에 세 번씩 써 보세요.

Step 1
01 loud
[laud]
크게
loud

Step 2
02 quiet
[kwáiət]
조용한

Step 3
03 late
[leit]
늦게

04 change
[tʃeindʒ]
잔돈

05 take care of
[teik kɛər əv]
~을 보살피다

Step 4
06 throw
[θrou]
던지다

07 turn off
[təːrn ɔːf]
끄다

08 first
[fəːrst]
우선

단어 연습장 공부법 2단계 | 진단평가, 수행평가 대비에 꼭 필요한 단어 복습 빈칸 넣기 문제입니다.

01 l__u___	크게	04 ___ha___ge	잔돈	07 ___urn ___ff	끄다
02 ___uie___	조용한	05 take c___re of	~을 보살피다	08 ___ir___t	우선
03 ___at___	늦게	06 ___hr___w	던지다		

단어 연습장 공부법 3단계 | 단어를 다시 들으면서 큰 소리로 따라 읽어보세요.

단어 듣고 따라 쓰기 연습 **단어 듣고 따라 쓰기 연습 87**

단어 연습장 공부법 1단계 | 들려주는 단어를 잘 듣고, 옆의 빈칸에 세 번씩 써 보세요.

Step 1　01 **pool**　수영장
　　　　[puːl]

　　　　　　　　pool

Step 2　02 **meeting**　회의
　　　　[míːtiŋ]

　　　03 **pick up**　~을 태우러 가다
　　　　[pik ʌp]

　　　04 **steak**　스테이크
　　　　[steik]

Step 3　05 **order**　주문하다
　　　　[ɔ́ːrdər]

　　　06 **meat**　고기
　　　　[miːt]

　　　07 **fry**　튀기다
　　　　[frai]

Step 4　08 **office**　사무실
　　　　[ɔ́(ː)fis]

　　　09 **break**　휴식
　　　　[breik]

단어 연습장 공부법 2단계 | 진단평가, 수행평가 대비에 꼭 필요한 단어 복습 빈칸 넣기 문제입니다.

01 ___o___l	수영장	04 ___te___k	스테이크	07 ___r___	튀기다
02 ___ee___ing	회의	05 ___rd___r	주문하다	08 ___ffi___e	사무실
03 ___ick up	~을 태우러 가다	06 m___a___	고기	09 ___re___k	휴식

단어 연습장 공부법 3단계 | 단어를 다시 들으면서 큰 소리로 따라 읽어보세요.

UNIT 04 🎧 MP3 4권 단어 UNIT 04

학습한 날 :

단어 연습장 공부법 1단계 | 들려주는 단어를 잘 듣고, 옆의 빈칸에 세 번씩 써 보세요.

Step 1	01 **passport** [pǽspɔ:rt]	여권	passport
Step 2	02 **laptop** [lǽptɑp]	노트북 컴퓨터	
Step 3	03 **check** [tʃek]	검사하다, 체크하다	
	04 **something** [sʌ́mθiŋ]	어떤 것, 무엇	
Step 4	05 **outside** [àutsáid]	밖에서	

단어 연습장 공부법 2단계 | 진단평가, 수행평가 대비에 꼭 필요한 단어 복습 빈칸 넣기 문제입니다.

| 01 ___as___port | 여권 | 03 ch___c___ | 검사하다, 체크하다 | 04 s___met___ing | 어떤 것, 무엇 |
| 02 ___apt___p | 노트북 컴퓨터 | | | 05 ___ut___ide | 밖에서 |

단어 연습장 공부법 3단계 | 단어를 다시 들으면서 큰 소리로 따라 읽어보세요.

단어 듣고 따라 쓰기 연습

단어 연습장 공부법 1단계 | 들려주는 단어를 잘 듣고, 옆의 빈칸에 세 번씩 써 보세요.

Step 1   01 **see a doctor**   진찰을 받다   see a doctor
[si: ə dάktər]

02 **by yourself**   너 혼자서
[bai juərsélf]

Step 2   03 **by**   ~까지
[bai]

04 **keep**   지키다, 준수하다
[ki:p]

05 **rule**   규칙, 규정
[ru:l]

Step 3   06 **hate**   미워하다
[heit]

07 **cross**   건너다
[krɔ(:)s]

Step 4   08 **take a shower**   샤워하다
[teik ə ʃáuər]]

단어 연습장 공부법 2단계 | 진단평가, 수행평가 대비에 꼭 필요한 단어 복습 빈칸 넣기 문제입니다.

01 see a d___ctor	진찰을 받다	04 ___ee___	지키다, 준수하다	07 ___ro___s	건너다
02 by you___self	너 혼자서	05 ___u___e	규칙, 규정	08 take a s___ower	샤워하다
03 b___	~까지	06 ___a___e	미워하다		

단어 연습장 공부법 3단계 | 단어를 다시 들으면서 큰 소리로 따라 읽어보세요.

UNIT 06 🎧 MP3 4권 단어 UNIT 06

학습한 날 :

초777_4_w6

단어 연습장 공부법 1단계 | 들려주는 단어를 잘 듣고, 옆의 빈칸에 세 번씩 써 보세요.

Step 1 | 01 **player** [pléiər] | 선수 | player
Step 2 | 02 **bowl** [boul] | 그릇, 사발 |
 | 03 **language** [lǽŋgwidʒ] | 언어 |
 | 04 **waste** [weist] | 낭비하다 |
Step 3 | 05 **pepper** [pépər] | 후추 |
06 **cousin** [kʌ́zən]	사촌
07 **bake** [beik]	빵을 굽다
08 **ant** [ænt]	개미
09 **hole** [houl]	구멍
Step 4 | 10 **phone** [foun] | 전화기 |

단어 듣고 따라 쓰기 연습

단어 연습장 공부법 2단계 | 진단평가, 수행평가 대비에 꼭 필요한 단어 복습 빈칸 넣기 문제입니다.

01 p___ay___r	선수	05 p___pp___r	후추	09 ho___e	구멍
02 b___w___	그릇, 사발	06 c___usi___	사촌	10 ph___ne	전화기
03 lan___ua___e	언어	07 ba___e	빵을 굽다		
04 w___st___	낭비하다	08 a___t	개미		

단어 연습장 공부법 3단계 | 단어를 다시 들으면서 큰 소리로 따라 읽어보세요.

단어 연습장 공부법 1단계 | 들려주는 단어를 잘 듣고, 옆의 빈칸에 세 번씩 써 보세요.

Step 1
01 **coke** 콜라
[kouk]

coke

02 **close friend** 절친한 친구
[klous frend]

03 **honey** 꿀
[hʌ́ni]

Step 2
04 **rice** 쌀밥
[rais]

Step 4
05 **oil** 기름
[ɔil]

단어 연습장 공부법 2단계 | 진단평가, 수행평가 대비에 꼭 필요한 단어 복습 빈칸 넣기 문제입니다.

01 co___e	콜라	03 h___ney	꿀	05 ___i___	기름
02 close fri___nd	절친한 친구	04 ric___	쌀밥		

단어 연습장 공부법 3단계 | 단어를 다시 들으면서 큰 소리로 따라 읽어보세요.

UNIT 08 🎧 MP3 4권 단어 UNIT 08

학습한 날 :

초777_4_w8

단어 연습장 공부법 1단계 | 들려주는 단어를 잘 듣고, 옆의 빈칸에 세 번씩 써 보세요.

Step 1
01 dish 음식
[diʃ]

dish

02 ticket 표, 티켓
[tíkit]

03 trouble 문제
[trʌ́bl]

Step 2
04 advice 충고, 조언
[ədváis]

Step 3
05 hope 희망
[houp]

06 medicine 약
[médisin]

07 dessert 후식
[dizə́:rt]

08 help 도움
[help]

Step 4
09 plan 계획
[plæn]

단어 연습장 공부법 2단계 | 진단평가, 수행평가 대비에 꼭 필요한 단어 복습 빈칸 넣기 문제입니다.

01 ___is___ 음식	04 a___vic___ 충고, 조언	07 d___s___ert 후식
02 ti___k___t 표, 티켓	05 h___p___ 희망	08 h___l___ 도움
03 t___ou___le 문제	06 m___dic___ne 약	09 p___a___ 계획

단어 연습장 공부법 3단계 | 단어를 다시 들으면서 큰 소리로 따라 읽어보세요.

UNIT 09 🎧 MP3 4권 단어 UNIT 09   학습한 날 :

단어 연습장 공부법 1단계 | 들려주는 단어를 잘 듣고, 옆의 빈칸에 세 번씩 써 보세요.

Step 1	01	**tower** [tauə(r)]	탑, 타워	tower
Step 1	02	**postcard** [poustkɑːrd]	엽서	
Step 2	03	**family member** [fǽməli mémbər]	식구, 가족 구성원	
Step 2	04	**take** [teik]	(수업 등을) 듣다	
Step 3	05	**magazine** [mæɡəzíːn]	잡지	

단어 연습장 공부법 2단계 | 진단평가, 수행평가 대비에 꼭 필요한 단어 복습 빈칸 넣기 문제입니다.

| 01 t___we___ 탑, 타워 | 03 family me___ber 식구, 가족 구성원 | 04 t___k___ (수업 등을) 듣다 |
| 02 pos___card 엽서 | | 05 m___ga___ine 잡지 |

단어 연습장 공부법 3단계 | 단어를 다시 들으면서 큰 소리로 따라 읽어보세요.

UNIT 10 🎧 MP3 4권 단어 UNIT 10   학습한 날 :

단어 연습장 공부법 1단계 | 들려주는 단어를 잘 듣고, 옆의 빈칸에 세 번씩 써 보세요.

| Step 1 | 01 | **need** [niːd] | 필요하다 | need |
| Step 1 | 02 | **cloud** [klaud] | 구름 | |

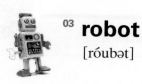

03 robot
[róubət]

로봇

단어 연습장 공부법 2단계 | 진단평가, 수행평가 대비에 꼭 필요한 단어 복습 빈칸 넣기 문제입니다.

| 01 n___e___ | 필요하다 | 02 cl___u___ | 구름 | 03 r___bo___ | 로봇 |

단어 연습장 공부법 3단계 | 단어를 다시 들으면서 큰 소리로 따라 읽어보세요.

UNIT 11   🎧 MP3 4권 단어 UNIT 11

학습한 날 :

초777_4_w11

단어 연습장 공부법 1단계 | 들려주는 단어를 잘 듣고, 옆의 빈칸에 세 번씩 써 보세요.

Step 1

01 exercise
[éksərsàiz]

운동하다

exercise

02 science
[sáiəns]

과학

03 miss
[mis]

놓치다

04 sleepy
[slí:pi]

졸린

Step 2

05 still
[stil]

여전히

단어 연습장 공부법 2단계 | 진단평가, 수행평가 대비에 꼭 필요한 단어 복습 빈칸 넣기 문제입니다.

| 01 e___er___ise | 운동하다 | 03 mi___s | 놓치다 | 05 s___il___ | 여전히 |
| 02 sc___e___ce | 과학 | 04 s___ee___y | 졸린 | | |

단어 연습장 공부법 3단계 | 단어를 다시 들으면서 큰 소리로 따라 읽어보세요.

단어 듣고 따라 쓰기 연습

단어 연습장 공부법 1단계 | 들려주는 단어를 잘 듣고, 옆의 빈칸에 세 번씩 써 보세요.

Step 1	01	**have fun** [hæv fʌn]	재미있게 놀다	have fun
	02	**noon** [nuːn]	정오	
	03	**go skiing** [gou skíːiŋ]	스키 타러 가다	
	04	**end** [end]	끝나다	
Step 2	05	**be done** [bi dʌn]	끝나다	
	06	**midnight** [mídnàit]	자정	
	07	**go on a trip** [gou ən ə trip]	여행가다	
	08	**return** [ritə́ːrn]	돌려주다	

단어 연습장 공부법 2단계 | 진단평가, 수행평가 대비에 꼭 필요한 단어 복습 빈칸 넣기 문제입니다.

01 h___ve fun	재미있게 놀다	04 en___	끝나다	07 go on a t___ip	여행가다
02 n___on	정오	05 be d___ne	끝나다	08 ret___rn	돌려주다
03 go skii___g	스키 타러 가다	06 m___dni___ht	자정		

단어 연습장 공부법 3단계 | 단어를 다시 들으면서 큰 소리로 따라 읽어보세요.

UNIT 13 🎧 MP3 4권 단어 UNIT 13

학습한 날 :

초777_4_w13

단어 연습장 공부법 1단계 | 들려주는 단어를 잘 듣고, 옆의 빈칸에 세 번씩 써 보세요.

Step 1
01 **concert** 음악회
[kánsə(:)rt]

concert

02 **music hall** 음악당
[mjú:zik hɔ:l]

03 **butterfly** 나비
[bʌ́tərflài]

04 **country** 나라, 국가
[kʌ́ntri]

Step 2
05 **hide** 숨다
[haid]

06 **garden** 정원
[gá:rdən]

07 **cafeteria** 구내식당
[kæ̀fətíəriə]

08 **fire station** 소방서
[fáiər stéiʃən]

09 **suddenly** 갑자기
[sʌ́dnli]

10 **each other** 서로
[i:tʃ ʌ́ðər]

Step 3
11 **hang** 걸다, 매달다
[hæŋ]

단어 연습장 공부법 2단계 | 진단평가, 수행평가 대비에 꼭 필요한 단어 복습 빈칸 넣기 문제입니다.

01 co___ce___t	음악회	05 hi___e	숨다	09 su___denl___	갑자기
02 mu___ic hall	음악당	06 ga___den	정원	10 e___ch other	서로
03 butter___ly	나비	07 caf___teri___	구내식당	11 h___ng	걸다, 매달다
04 cou___try	나라, 국가	08 fire ___tation	소방서	

단어 연습장 공부법 3단계 | 단어를 다시 들으면서 큰 소리로 따라 읽어보세요.

단어 연습장 공부법 1단계 | 들려주는 단어를 잘 듣고, 옆의 빈칸에 세 번씩 써 보세요.

Step 1	01	**road** [roud]	길	road
	02	**stairs** [stɛərz]	계단	
	03	**dolphin** [dálfin]	돌고래	
Step 2	04	**famous** [féiməs]	유명한	
	05	**hill** [hil]	언덕	
Step 3	06	**nest** [nest]	둥지	
	07	**pocket** [pάkit]	주머니	
	08	**beach** [bi:tʃ]	해변	
	09	**people** [pí:pl]	사람들	

단어 연습장 공부법 2단계 | 진단평가, 수행평가 대비에 꼭 필요한 단어 복습 빈칸 넣기 문제입니다.

01	r__a___	길	04	___amo___s	유명한	07	___oc___et	주머니
02	s___ai___s	계단	05	___il__	언덕	08	b___a__h	해변
03	d__lp__in	돌고래	06	___e__t	둥지	09	___eo___le	사람들

단어 연습장 공부법 3단계 | 단어를 다시 들으면서 큰 소리로 따라 읽어보세요.

UNIT 15 🎧 MP3 4권 단어 UNIT 15

학습한 날 :

단어 연습장 공부법 1단계 | 들려주는 단어를 잘 듣고, 옆의 빈칸에 세 번씩 써 보세요.

Step 1	01	**backpack** [bǽkpæ̀k]	배낭	backpack
	02	**stage** [steidʒ]	무대	
	03	**near** [niər]	~ 근처에	
Step 2	04	**pot** [pɑt]	냄비	
	05	**plate** [pleit]	접시	
	06	**subway station** [sʌ́bwei stéiʃən]	지하철역	
Step 3	07	**onion** [ʌ́njən]	양파	
Step 4	08	**doughnut** [dóunət]	도넛	
	09	**vegetable** [védʒitəbl]	채소	

단어 듣고 따라 쓰기 연습

단어 연습장 공부법 2단계 | 진단평가, 수행평가 대비에 꼭 필요한 단어 복습 빈칸 넣기 문제입니다.

01 b___ckp___ck	배낭	04 ___ot	냄비	07 o___i___n	양파
02 st___g___	무대	05 pl___te	접시	08 d___ugh___ut	도넛
03 n___a___	~ 근처에	06 sub___ay st___tion	지하철역	09 ve___eta___le	채소

단어 연습장 공부법 3단계 | 단어를 다시 들으면서 큰 소리로 따라 읽어보세요.

MBC 공부가 머니? 추천 화제의 도서

초등영문법 777 동영상강의

초등 영어 교과서, 학교 시험
완벽 분석 반영한 초등영문법 강의

초등 영문법
쉽고 재미있게 학습 해보세요!

김유경 선생님
이화여자대학교 영어영문학과   **현** 평촌 김영부학원 영어강사
현 목동씨앤씨 특목 입시 전문학원 영어강사   **현** 메가스터디 엠베스트 영어강사
전 EBSlang〈알쓸신영〉공개강의 진행   **전** 신촌메가스터디 재수종합학원 영어강사

🖥 강의구성

교재명	가격		강의 수	수강기간	혜택
초등영문법 777 0권	5,900원		18강	150일 무료 수강연장 1회	북포인트 지급
초등영문법 777 1권	5,900원		20강	150일 무료 수강연장 1회	북포인트 지급
초등영문법 777 2권	5,900원		20강	150일 무료 수강연장 1회	북포인트 지급
초등영문법 777 3권	5,900원		20강	150일 무료 수강연장 1회	북포인트 지급
초등영문법 777 4권	5,900원		20강	150일 무료 수강연장 1회	북포인트 지급
초등영문법 777 5권	5,900원		20강	150일 무료 수강연장 1회	북포인트 지급
초등영문법 777 6권	5,900원		20강	150일 무료 수강연장 1회	북포인트 지급
초등영문법 777 0~6권	29,900원		138강	365일 무료 수강연장 1회	북쿠폰 1매 + 북포인트 지급
프리패스 이용권	연 이용권	99,000원	마더텅 동영상강의의 모든 과정을 수강할 수 있습니다. (중학영문법 3800제 전과정, 중학수학 뜀틀 개념편, 유형편 전과정 등 초중고 50여개 강의 포함)	365일	북쿠폰 3매 + 북포인트 지급
	월 이용권	9,900원		30일	북포인트 지급
		14,900원			월 결제 시마다 북쿠폰 1매 + 북포인트 지급

📞 **문의전화 1661-1064** 07:00~22:00   **www.toptutor.co.kr** 포털에서 [마더텅] 검색

마더텅 학습 교재 이벤트에 참여해 주세요. 참여해 주신 모든 분께 선물을 드립니다.

이벤트 1 🎁 1분 간단 교재 사용 후기 이벤트

마더텅은 고객님의 소중한 의견을 반영하여 보다 좋은 책을 만들고자 합니다.
교재 구매 후, <교재 사용 후기 이벤트>에 참여해 주신 모든 분께는 감사의 마음을 담아 [모바일 문화상품권 1천 원권] 을 보내 드립니다.
지금 바로 QR 코드를 스캔해 소중한 의견을 보내 주세요!

이벤트 2 🎁 학습계획표 이벤트

STEP 1 책을 다 풀고 SNS 또는 수험생 커뮤니티에 작성한 학습계획표 사진을 업로드
필수 태그 #마더텅 #초등영어 #초등영문법777 #학습계획표 #공스타그램
SNS/수험생 커뮤니티 페이스북, 인스타그램, 블로그, 네이버/다음 카페 등

STEP 2
왼쪽 QR 코드를 스캔하여
작성한 게시물의 URL 인증

참여해 주신 모든 분께는 감사의 마음을 담아 [cu 모바일 편의점 상품권 1천 원권] 및 [B 북포인트 2천 점] 을 드립니다.

이벤트 3 🎁 블로그/SNS 이벤트

STEP 1 자신의 블로그/SNS 중 하나에 마더텅 교재에 대한 사용 후기를 작성
필수 태그 #마더텅 #초등영어 #초등영문법777 #교재리뷰 #공스타그램
필수 내용 마더텅 교재 장점, 교재 사진

STEP 2
왼쪽 QR 코드를 스캔하여
작성한 게시물의 URL 인증

참여해 주신 모든 분께는 감사의 마음을 담아 [cu 모바일 편의점 상품권 2천 원권] 및 [B 북포인트 3천 점] 을 드립니다.
매달 우수 후기자를 선정하여 [모바일 문화상품권 2만 원권] 과 [B 북포인트 1만 점] 을 드립니다.

🅑 북포인트란? 마더텅 인터넷 서점 http://book.toptutor.co.kr에서 교재 구매 시 현금처럼 사용할 수 있는 포인트입니다.

※자세한 사항은 해당 QR 코드를 스캔하거나 홈페이지 이벤트 공지글을 참고해 주세요.
※당사 사정에 따라 이벤트의 내용이나 상품이 변경될 수 있으며 변경 시 홈페이지에 공지합니다.   ※만 14세 미만은 부모님께서 신청해 주셔야 합니다.
※상품은 이벤트 참여일로부터 2~3일(영업일 기준) 내에 발송됩니다.   ※동일 교재로 세 가지 이벤트 모두 참여 가능합니다. (단, 같은 이벤트 중복 참여는 불가합니다.)
※이벤트 기간: 2024년 12월 31일까지 (•해당 이벤트는 당사 사정에 따라 조기 종료될 수 있습니다.)

MOTHERTONGUE
마더텅출판사
since1999.4.1.

UNIT 01 Can/Could   본문 p.02

Step 1

02 Can you drive me to school?
나를 학교까지 태워다 줄래?

03 Can you clean your room?
네 방을 청소해 주겠니?

04 Can you open the window?
그 창문을 열어 주겠니?

05 Can you show me the pictures?
나에게 그 사진들을 보여 주겠니?

06 Could you wake up at 8?
8시에 일어나 줄래요?

07 Could you bring me some water?
나에게 물을 가져다 줄래요?

08 Could you stop by the bank?
은행에 잠시 들러 줄래요?

09 Could you move your car?
당신의 차를 옮겨 줄래요?

10 Could you come here for a minute?
잠시 동안 여기로 와줄래요?

Step 2

02 A. No problem. 문제없어.

03 C. Sure. 물론이지.

04 B. All right. 알았어.

05 A. Of course. 물론이지.

Step 3

02 Can you pass me the ball? 공을 건네 줄래?

03 Can you wait for a minute? 잠시만 기다려 줄래?

04 Can you give me the salt? 소금을 나에게 줄래?

05 Could you turn on the lights? 불을 켜 주시겠어요?

06 Can you help me? 나를 도와 줄래?

07 Could you buy me some apples?
나에게 사과를 사다 주시겠어요?

08 Can you send a message to me?
나에게 메시지를 보내줄래?

09 Can you lend a book to me?
나에게 책을 빌려 주겠니?

10 Can you make some cookies for me?
나를 위해 쿠키를 만들어 줄래?

Step 4

02 A. I'm sorry, but I can't. 미안하지만, 난 할 수 없어.

03 B. Of course. 물론이지.

04 A. All right. 알았어.

05 B. I'm sorry, but I don't have the key.
미안하지만, 난 열쇠가 없어.

06 A. Sure. 물론이지.

07 A. I'm sorry, but I don't have time.
미안하지만, 난 시간이 없어.

08 A. Okay. 알았어.

UNIT 02 Will/Would   본문 p.06

Step 1

02 Will you call   03 Will you carry

04 Will you play   05 Will you join

06 Will you stop

Step 2

02 Will you drive me home? 나를 집에 태워다 줄래?

03 Will you clean your room? 네 방을 청소해 줄래?

04 Will you close the window? 그 창문을 닫아 줄래?

05 Will you show me the books?
그 책들을 나에게 보여줄래?

06 Would you be quiet? 조용히 좀 해줄래요?

07 Would you bring me some bread?
나에게 빵을 좀 가져다 줄래요?

08 Would you stop by Tom's house?
Tom의 집에 잠깐 들러 줄래요?

09 Would you move your bicycle?
당신의 자전거를 이동해 줄래요?

10 Would you wait for a minute?
잠시만 기다려 줄래요?

Step 3

02 (C) 지금 당신의 방을 치워 줄래요?
- 미안하지만, 나중에 치워도 될까요?

03 (A) 잔돈 좀 줄래요?
- 미안하지만, 난 동전이 없어요.

04 (B) 내 고양이 좀 돌봐줄래?
- 미안하지만, 나는 고양이를 좋아하지 않아.

Step 4

02 Will you throw me the ball?
그 공을 나에게 던져 줄래?

03 Will you come here for a minute?
여기 잠시 와줄래?

04 Will you pass me the salt?
소금을 나에게 건네 줄래?

05 Would you turn off the light?
불을 꺼 주시겠어요?

06 Will you help me? 나를 도와줄래?

07 Would you buy me some apples?
저에게 사과를 좀 사주시겠어요?

08 Will you finish your dinner first?
저녁부터 먼저 먹을래?

09 Will you write a book for me?
나를 위해 책을 하나 써 줄래?

10 Would you make cookies for me?
나를 위해 쿠키를 만들어 주시겠어요?

11 Would you take care of my sister?
제 여동생을 돌봐 주시겠어요?

12 Would you sing a song for me?
저에게 노래를 불러 주시겠어요?

13 Will you wake up now? 지금 일어날래?

14 Will you go to the park with me?
나와 공원에 갈래?

UNIT 03 Shall   본문 p.10

Step 1

02 I call   03 we listen   04 we go

05 we watch   06 we meet   07 we swim

08 I close

Step 2

02 Shall we start the meeting?
우리 회의를 시작할까요?

03 Shall I pick you up? 내가 당신을 데리러 갈까요?

04 Shall I wash my hands? 제 손을 씻을까요?

05 Shall we have dinner? 우리 저녁을 먹을까요?

06 Shall we go swimming? 우리 수영을 하러 갈까요?

07 What time shall we leave? 우리 몇 시에 떠날까요?

08 How shall I cook the steak?
스테이크를 어떻게 요리할까요?

09 What time shall I wake up? 몇 시에 일어날까요?

10 Where shall we park? 우리 어디에 주차할까요?

11 When shall we do the laundry?
우리 언제 빨래를 할까요?

12 What shall we buy for Mike?
우리 Mike에게 무엇을 사 줄까요?

Step 3

02 What   03 How   04 What

05 When   06 What   07 Where

08 What   09 How   10 What

11 When   12 What

Step 4

02 What time shall we have lunch?
우리 몇 시에 점심 먹을까요?

03 When shall I go to your office?
제가 언제 당신 사무실로 갈까요?

04 Shall we go to the park?
우리 공원에 갈까요?

05 Where shall we put this sofa?
우리 이 소파를 어디에 둘까요?

06 Shall we take a short break?
우리 잠깐 쉴까요?

07 Shall we go camping this Saturday?
우리 이번 토요일에 캠핑 갈까요?

08 How shall we go to school?
우리 학교에 어떻게 갈까요?

UNIT 04 May   본문 p.14

Step 1

02 May I see   03 May I eat   04 May I ask

Step 2

02 A. Of course. 물론이지.

03 A. Sure. 물론이지.

04 B. Yes, here you go. 그럼요, 여기 있어요.

05 A. Go ahead. 그렇게 해.

Step 3

02 Is it okay to turn on the light? 불을 켜도 될까요?

03 Yes, you may. 응, 그렇게 해.

04 May I open the window? 그 창문을 열어도 될까요?

05 May I check your homework?
네 숙제를 확인해도 되겠니?

06 May I use your pencil? 당신의 연필을 써도 되나요?

07 Is it okay to buy some coffee?
커피를 좀 사도 될까요?

08 No, you may not. 아니, 그러면 안돼.

09 May I ask you something?
당신에게 뭐 좀 물어봐도 되나요?

10 May I borrow this book? 이 책을 빌려도 되나요?

11 May I call you at night? 밤에 전화해도 되나요?

Step 4

02 May I go to bed? 자러 가도 될까요?

03 May I buy this computer? 이 컴퓨터를 사도 될까요?

04 May I play the piano? 피아노를 쳐도 될까요?

05 May I eat this apple? 이 사과를 먹어도 될까요?

06 May I play soccer? 축구를 해도 될까요?

UNIT 05 Must/Have to 본문 p.18

Step 1
02 have　　03 must　　04 swim
05 must　　06 have　　07 must
08 do

Step 2
02 She doesn't[does not] have to read the book.
그녀는 그 책을 읽지 않아도 된다.
03 He must leave now. 그는 지금 떠나야 한다.
04 He has to wake up early. 그는 일찍 일어나야 한다.
05 You must not finish it by tomorrow.
너는 내일까지 그것을 끝내면 안 된다.
06 You don't[do not] have to be kind to them.
너는 그들에게 친절하지 않아도 된다.
07 You must keep the rule. 너는 규칙을 지켜야만 한다.
08 You have to eat this meat.
너는 이 고기를 먹어야 한다.

Step 3
02 He has to run. 그는 뛰어야 한다.
03 You don't have to visit there.
너는 거기를 방문하지 않아도 된다.
04 You must not make a noise.
너는 소란을 피우면 안된다.
05 You will have to do your homework.
너는 숙제를 해야 할 것이다.
06 I had to go shopping last week.
나는 지난 주에 쇼핑을 가야 했다.
07 You must not hate your brother.
너는 네 형제를 미워하면 안 된다.
08 He has to come back. 그는 돌아와야 한다.
09 You have to take a rest. 너는 쉬어야 한다.
10 You must turn off the light. 너는 불을 꺼야 한다.
11 You have to take care of this baby.
너는 이 아기를 돌봐야 한다.
12 You must not cross the street.
너는 길을 건너서는 안 된다.

Step 4
02 He has to[must] wash his hands.
그는 손을 씻어야 한다.
03 You don't have to take a shower.
너는 샤워를 할 필요가 없다.
04 You have to[must] go to school.
너는 학교에 가야 한다.
05 I had to clean my room.
나는 내 방을 청소해야 했다.
06 She will have to leave early tomorrow.
그녀는 내일 일찍 떠나야 할 것이다.

UNIT 01~05 실전테스트 본문 p.22

01 Can　　02 May　　03 Shall
04 Will　　05 shall
06 You may not use this book.
너는 이 책을 이용하면 안된다.
07 She has to buy a camera.
그녀는 카메라 하나를 사야 한다.
08 The boys will be free after school.
소년들은 방과 후에 자유일 것이다.
09 I could not pass the exam.
나는 시험을 통과할 수 없었다.
10 Would you take care of my dog?
내 개를 돌봐 줄래요?
11 Shall　　12 May　　13 must

14 Would　　15 may　　16 ②
17 ④　　18 ③　　19 ①
20 ③
21 He must not write a letter to her.
그는 그녀에게 편지를 써서는 안된다.
22 You don't have to go to the bank tomorrow.
너는 내일 은행에 가지 않아도 된다.
23 She didn't have to come home earlier.
그녀는 더 일찍 집에 오지 않아도 됐다.
24 May I use your car? 당신의 차를 써도 되나요?
25 Could you play chess with me?
저랑 체스를 두시겠어요?
26 I will get up early. 나는 일찍 일어날 것이다.
27 Students must follow the rules.
학생들은 규칙을 따라야 한다.
28 She can play the flute well.
그녀는 플룻을 잘 연주할 수 있다.
29 May I go to the restroom? 화장실에 가도 되나요?
30 Shall we eat Chinese food? 우리 중국 음식을 먹을까?

UNIT 06 many, much, a lot of 본문 p.26

Step 1
02 many　　03 much　　04 much
05 many　　06 much　　07 many
08 much　　09 much　　10 much
11 much　　12 many　　13 many
14 much　　15 many　　16 many
17 much　　18 many

Step 2
02 much[a lot of] bread
03 many[a lot of] sandwiches
04 many[a lot of]　　05 eggs
06 much[a lot of] sugar　07 many[a lot of]
08 much[a lot of] water　09 much[a lot of] milk
10 much[a lot of] time

Step 3
02 (l)ot of　　03 (m)any　　04 (m)uch
05 (m)uch　　06 (l)ot of　　07 (m)any
08 (m)uch　　09 (l)ot of　　10 (m)any

Step 4
02 many[a lot of] flowers
03 much[a lot of] coffee
04 much[a lot of] cheese
05 many[a lot of] schools
06 much[a lot of] money
07 many[a lot of] oranges
08 many[a lot of] phones

UNIT 07 (a) few, (a) little 본문 p.30

Step 1
02 few　　03 little　　04 A few
05 little　　06 a little　　07 a little
08 a few

Step 2
02 much　　03 many　　04 a little
05 little　　06 a few　　07 a little
08 a few　　09 many　　10 many

Step 3
02 a little　　03 ○　　04 a little
05 a little　　06 ○　　07 ○
08 a little　　09 a few　　10 ○

Step 4
02 have little time　03 has few clothes
04 eats a little meat　05 need little oil
06 have a few problems

UNIT 08 some, any 본문 p.34

Step 1
02 some　　03 people　　04 any
05 books　　06 pepper　　07 any
08 some　　09 water　　10 any

Step 2
02 some　　03 friends　　04 any
05 any　　06 some　　07 flowers
08 some　　09 some coffee 10 nurses
11 any questions

Step 3
02 Do you have any books? 너는 책을 좀 가지고 있니?
03 I want some sandwiches.
나는 샌드위치를 좀 먹고 싶다.
04 I don't have any hope. 나는 희망이 하나도 없다.
05 You can get some rest. 너는 좀 쉴 수 있다.
06 She must take some medicine.
그녀는 약을 좀 먹어야 한다.
07 May I eat some bread? 빵을 좀 먹어도 될까요?
08 He doesn't want any problems.
그는 어떤 문제도 원하지 않는다.
09 Let's have some dessert. 후식 좀 먹자.
10 Do you need any help? 도움이 좀 필요하신가요?
11 Could you give me some advice?
저에게 조언을 좀 해주실래요?

Step 4
02 like some water　03 will buy some cookies
04 have any pets　05 sent some books
06 have any plans　07 some more meat
08 some wine

UNIT 09 숫자 묻고 답하기 본문 p.38

Step 1
02 tall　　03 many　　04 old
05 tall　　06 many　　07 tall
08 old　　09 many　　10 tall

Step 2
02 How tall, 130
03 How many, four[4]
04 How old, 17, old
05 How many, six[6] classes

Step 3
02 How old is she? 그녀는 몇 살인가요?
03 How many magazines do you have?
당신은 잡지를 몇 개 가지고 있나요?
04 How many bags do they have?
그들은 가방이 몇 개 있나요?
05 How old are you? 당신은 몇 살인가요?
06 How tall is (the ABC building?)
ABC 건물의 높이가 얼마나 되나요?

Step 4
02 How tall are you? 너는 키가 몇이니?
03 How many shoes do you have?
너는 신발이 몇 개나 있니?
04 How old is your older brother?
너의 형은 몇 살이니?

05 How many books does she have?
그녀는 책을 몇 권 갖고 있니?

06 How old is your dog?
너의 개는 몇 살이니?

UNIT 10 가격과 양, 거리 묻고 답하기 본문 p.42

Step 1
02 How much
03 How much
04 How far
05 How many
06 How many
07 How much
08 How far
09 How much
10 How much

Step 2
02 It is seven kilometers to Canada.
캐나다까지 7킬로미터이다.

03 How much is it? 얼마인가요?

04 It is three dollars. 3달러이다.

05 How much cheese do you need?
당신은 치즈가 얼마나 필요한가요?

06 How far is it to Daegu?
대구까지 얼마나 먼가요?

07 How much are these tables?
이 탁자들은 얼마인가요?

08 How much is this chair? 이 의자는 얼마인가요?

09 They are one hundred dollars.
그것들은 100달러이다.

10 How much water do you have?
당신은 물을 얼마나 갖고 있나요?

Step 3
02 How much milk do you need?
당신은 얼마나 많은 우유가 필요한가요?

03 How much flour does she want?
그녀는 얼마나 많은 밀가루를 원하나요?

04 How far is it to (the school)?
학교까지 얼마나 먼가요?

05 How much sugar do you have?
당신은 얼마나 많은 설탕을 갖고 있나요?

06 How much is (the ticket)?
그 표는 얼마인가요?

Step 4
02 How much bread do you need?
당신은 빵이 얼마만큼 필요한가요?

03 How far is it to the park?
공원까지 얼마나 먼가요?

04 How much paper do you want?
당신은 얼마만큼의 종이를 원하시나요?

05 How far is it to the church?
교회까지 얼마나 먼가요?

06 How far is it to the bank?
은행까지 얼마나 먼가요?

UNIT 06~10 실전 테스트 본문 p.46

01 How
02 a lot of
03 many[a lot of]
04 few
05 little
06 ①
①은 any, 나머지는 some
07 ③
권유하는 의문문에서는 some, 부정문에서는 any를 씀
08 ②
coffee는 셀 수 없으므로 some을 써야 함. 나머지는 셀 수 있는 명사에 올 수 있음.

09 ②
many → much
10 old
11 How much
12 ④
a few → a little
13 a few
14 few
15 some
16 ①
② much → many, ③ tall → far, ④ many → much
17 (1) many (2) a few
18 ③
19 ①
20 ②
21 How old is your sister?
너의 여동생은 몇살이니?
22 How many friends do you have?
너는 얼마나 많은 친구가 있니?
23 ④
24 much[a lot of]
25 ①
26 ④
some → any
27 some
28 (C)
little → few
29 ①
30 How much

UNIT 11 접착제 역할을 하는 접속사 본문 p.50

Step 1
02 but
03 but
04 and
05 so
06 or
07 and
08 and
09 but
10 and
11 but
12 and
13 so

Step 2
02 but
03 so
04 and
05 and
06 but
07 so
08 or
09 so

Step 3
02 Do you like winter or summer?
너 겨울이 좋니, 여름이 좋니?

03 I want to play soccer, but I am[I'm] busy.
나는 축구가 하고 싶지만 바쁘다.

04 I am[I'm] hungry, so I will eat bread.
나는 배고파서 빵을 먹을 거다.

05 Jack drank milk, and he went to bed.
Jack은 우유를 마시고, 그는 잠을 자러 갔다.

06 She is young but tall.
그녀는 어리지만 키가 크다.

UNIT 12 시간의 전치사 본문 p.54

Step 1
02 in
03 on
04 in
05 on
06 at
07 in
08 at
09 on
10 on

Step 2
02 for
03 for
04 by
05 during
06 until
07 for
08 during
09 by
10 by

Step 3
02 at 8
03 on my birthday
04 in 2004
05 by 5

UNIT 13 장소의 전치사 본문 p.58

Step 1

02 in
03 at
04 in
05 at
06 at
07 on
08 in
09 over
10 on
11 in
12 behind
13 on
14 under

Step 2
02 in
03 under
04 in
05 over
06 in front of
07 next to
08 behind
09 between
10 in front of
11 behind
12 next to
13 between
14 under

Step 3
02 under the chair
03 in the room
04 on the wall

UNIT 14 방향의 전치사 본문 p.62

Step 1
02 along
03 up
04 into
05 down
06 out of

Step 2
02 out of
03 up
04 down
05 through
06 from, to

Step 3
02 to
03 through
04 down
05 through
06 into
07 up (to)
08 from, to
09 along
10 out of

UNIT 15 There is … / There are … 본문 p.66

Step 1
02 are
03 is
04 are
05 are
06 are
07 is
08 is
09 is
10 are
11 is
12 is

Step 2
02 There are
03 There are
04 was a
05 There were two
06 Is there
07 Is there
08 Are there

Step 3
02 There is a cookie in the bottle.
병 안에 쿠키 하나가 있다.

03 There was a bookstore here last year.
작년에 여기에는 서점이 있었다.

04 Are there any onions?
양파가 좀 있니?

05 Is there a pencil on the desk?
책상 위에 연필이 한 자루 있니?

06 There were three books in the bag yesterday.
어제는 세 권의 책이 그 가방 안에 있었다.

07 There are not[aren't] any books on my desk.
내 책상 위에는 아무 책도 없다.

08 Is there an eraser?
지우개가 하나 있니?

Step 4
02 there doughnuts in the box
03 is a cap
04 were cookies in the jar
05 there a dish on the shelf
06 are many vegetables

UNIT 11~15 실전테스트 본문 p.70

01 so
02 ④
on → at
03 ③
①, ②, ④는 in, ③은 at
04 I have a test tomorrow, so I am studying hard.
나는 내일 시험이 있어서, 열심히 공부를 하는 중이다.
05 I don't know Julia, but I know her brother.
나는 Julia를 모르지만, 그녀의 남동생[오빠]은 안다.
06 You can watch the movie or play the video game. 너는 영화를 보거나 비디오 게임을 할 수 있다.
07 on   08 over
09 through
10 ③
during → for
11 ④
on → in
12 Are there beautiful birds on the tree?
나무 위에 아름다운 새들이 있나요?
13 ④
on → next to[under]
14 ③
behind → next to
15 ②
① Are → Is, ③ were → was, ④ is → are
16 ①   17 ③
18 ④
but은 서로 반대되는 내용을 연결하는 접속사
19 for
20 Is there milk in the refrigerator?
냉장고에 우유가 있나요?
21 I was born on Sunday. 나는 일요일에 태어났다.
22 out of   23 along
24 up
25 You have to brush your teeth after dinner.
너는 저녁 식사 후에 이를 닦아야 한다.
26 You have to come home by 10 o'clock.
너는 10시까지 집에 돌아와야 한다.
27 We could not see her for three months.
우리는 3개월 동안 그녀를 보지 못했다.
28 There are many[a lot of] students in the classroom. 교실 안에 많은 학생들이 있다.
29 There is a clock on the wall.
벽에 시계가 하나 있다.
30 He came into the room through the window.
그는 창문을 통해 방 안으로 들어왔다.

UNIT 01~15 총괄평가 1회 본문 p.74

01 ②   02 ④
03 ③   04 ①
05 ④
허락을 구하는 상황이므로 May ~?로 물어봐야 함.
06 ③   07 T
08 F   09 ③
10 ③   11 a little
12 a few   13 much
14 tall   15 far
16 ②
17 ③
(A) How many ~? '몇 개의'
(B) 물건의 가격을 물어보고 있으므로 How much ~?가 맞음.

18 ④   19 ②
20 ①   21 ②
22 ④   23 ③
24 ④
25 ④
④ B의 대답으로 적절한 것은 Sure. / No problem. 임.
26 ③
주어진 문장은 at이 시간의 전치사로 쓰임. ③은 장소의 전치사로 at이 쓰임.
27 ②
주어가 3인칭 단수 이므로 has to가 와야 함.
28 He didn't have to see a doctor yesterday.
그는 어제 의사를 만나지 않아도 되었다.
29 ①   30 ③
31 ②
② 부정문이므로 any가 와야 함.
32 in   33 at
34 ①   35 ⑤
36 She doesn't[does not] have to read the book.
그녀는 그 책을 읽지 않아도 된다.
37 How old is this building?
이 건물은 얼마나 오래 되었나요?
38 was   39 are
40 were

UNIT 01~15 총괄평가 2회 본문 p.80

01 ③   02 ③
03 ③   04 ④
05 ①   06 ②
07 ①
08 ①
ⓐ on '~ 위에'
09 ④
10 How much sugar do we have?
우리 설탕을 얼마나 갖고 있니?
11 ③   12 ②
13 ③   14 ①
15 ①   16 ④
17 ③
How old ~? '얼마나 오래된'
18 ②
behind '~ 뒤에'
19 ②   20 ④
21 ③
22 ①
on 대신 over가 와야 함.
23 ③
주어진 문장은 장소의 전치사 in, ③ 시간의 전치사 in
24 ②   25 ①
26 ③   27 ①
28 ②   29 into
30 down
31 Shall I play the guitar?
기타를 연주할까요?
32 You have to make a lot of cookies.
너는 많은 쿠키를 만들어야 한다.
33 May I eat this banana?
이 바나나를 먹어도 될까요?
34 Kevin must not leave the classroom.
Kevin은 교실을 떠나서는 안된다.
35 Suji had to finish her homework.
수지는 숙제를 끝내야 했다.
36 ②
ⓐ 요일 앞에 on ⓑ to '~로'
37 ④

38 Do you have many brothers?
너는 여러 명의 남자 형제가 있니?
39 ②   40 ③